I0026239

www.ingramcontent.com/pod-product-compliance
Lightning Source LLC
Chambersburg PA
CBHW022334280326
41934CB00006B/633
9781732537538

كويت لاستيدا مية

رؤية شعب، منه وإليه ..

عبدالله السلوم

الكتاب

كويت الاستدامة: رؤية شعب، منه وإليه

كويت الاستدامة، عبدالله سالم عبدالله السلوم

ردمك: ٩٧٨-١-٧٣٢-٥٣٧٥٣-٨

ISBN 9781732537538

90000 >

9 781732 537538

ISBN: 978-1-732-53753-8

للحصول على نسخة من هذا الكتاب:

GO abdullah.com.kw/books

عبد الله السلوم

🐦	@	GO
alsalloumabdul	contact@abdullah.com.kw	abdullah.com.kw

دولة الكويت

رسالة من المؤلف

الكويت، ٤ نوفمبر ٢٠١٨

حينما هممت في كتابة محتوى هذا الكتاب الرامي إلى تجسيد أسس الرؤية الوطنية الطموحة، فإني ترجمت أفكاري وكرست وقتي ساعيا إلى بلورة رؤية اقتصادية مستدامة، تكفل تحقيق الأهداف الكبرى، وتضمن وضع حجر أساس سليم نرتكز إليه، يطوع الآليات، ولا ينصاع لها.

وجاهدت نفسي في هذا العمل، بأن يكون التركيز فيه منصبا على ذلك الهدف الذي تراءى لي من البداية، ودفعني لبذل الجهد للعمل عليه، ألا وهو السمو بهذا الوطن، والإيفاء بجزء مما أدين به من واجب تجاهه. ومن هذا المنطلق أخذت في عين الاعتبار مبدأ إحسان الظن بنوايا مختلف فئات المجتمع، وكافة أقطاب الإدارات المعنية والجهات المسؤولة فيه. ولذا، فحري بكل من يقرأ سطوري هذه أن يكرمني بمبادلتي إحسان الظن بمثله فيما يتعلق بصدق نواياي كمؤلف، لا لغرض شخصي أرتجيه، بل لكي تحقق المادة المكتوبة في هذا الكتاب فائدتها المرجوة، ويُنصف محتواه من آراء وحلول بما يستحقه.

لا يهدف هذا الكتاب في تطلعاته الخاصة ومضمونه الشامل إلى خدمة فئة على حساب فئة أخرى، أو أن يعمل ضدّ مصلحة أي فئة، كما أنه لا يستخفي تحت قناع وهم المصلحة العامة في ظل سعي يبتغي فيه تحقيق مكاسب فردية. فهدفي ومبتغاي يتضح في هذا الكتاب، على ما أرجو، وعدوي الذي أرتقب حتفه،

وأخطط للنيل منه في استراتيجيات أسهبت في تفصيلها، وأهداف فصلت في سبل تحقيقها، ليس فردا بعينه في أي هرم إداري في الدولة! إنما هو نظام اقتصادي، تأصل حتى تمكن، فخلف وراءه ثقافة وزعتنا في فئات مختلفة، تحارب جميعها تحت لواء تحقيق المصلحة العامة، في حين أنها، وبجهل تام، تحقق مصالحها الخاصة على حساب الوطن، دون عمق دراية ومعرفة.

وفي ظل هذا النظام الاقتصادي الذي نشهد أيامه ونصارع تداعياته وما يتمخض عنها، كثر بيننا المثبطون والمحبطون، حتى شكلوا فئة لا يستهان بها من حيث العدد، هذه الفئة ربما تقرأ سطور هذا الكتاب، وترمقه بنظرة الشفقة التي تحكم بأن محتواه وهدفه ليس إلا محض أحلام جميلة غير واقعية، تتعدى سقف التحقق حتى تبتلعها سماء الوهم، هذه الفئة ستطبطب على كتفي وتصنفني شابا طموحا تتملكه مشاعر وطنية، ويحلم بمستحيل لا مجال لبلوغه، ويتغنى بشعارات منمقة يتغنى بها - مثله - آخرون كل يوم، وسينتظر أصحاب هذه الفئة أن أستسلم لقناعتهم هذه، وربما يشيرون إلى أن الأيام أمامي كفيلة بإقناعي لأردد كلامهم المحبط المفتقر للأمل.

وفي الوقت ذاته، في المكان نفسه، وفي ظل الظروف ذاتها، تفكر فئة أخرى خارج الصندوق، وتتعلق بما تبقى من الأمل، وتبحث عن سبل لتجاوز الصعاب، وتعي أن المستحيل وهم وسقف يطال، هذه الفئة هي التي ستجد في محتوى هذه السطور ما يستحق النظر، وستشيد بما تخطط رؤية «كويت

الاستدامة» لتحقيقه وبلوغه، لأنها اعتادت على فهم مضمون الأمور، وتحليل محتواها بصرف النظر عن الظروف المحيطة، ولأنها تعي كيف تفصل بين الأبعاد، فلا تبخس حق شيء على حساب آخر. هذه الفئة ستقدم الدعم لكل ما هو جديد، مقدرة مداه الحقيقي، مركزة على هدفه في إصلاح القضايا العامة، تناقشه وتجعله أساسا جديدا لمحتوى آخر، قادر على إحداث التغيير والسعي للأفضل، يمسكون طرف السلسلة ليبنوا عليها وبها أمجادا أخرى، بشكل أسرع، وهذا بحد ذاته إنجاز نتطلع إلى تحقيقه.

فإذا كنت من الفئة الأولى، فما هذا الكتاب بالنسبة إليك إلا أحد كتب الخيال العلمي والواقع الافتراضي، يمكنك الاستمتاع به كيفما تشاء، ولكن كن على دراية تامة أنك خارج نطاق الشريحة المستهدفة. أما إذا كنت من الفئة الثانية، فأنت هامة من هامات هذا العمل، وأنت من يكمل نقص عبد اجتهد، قد أكرمه الرحمن فيما أصاب، وقد يخطئ بسبب من طبيعته البشرية، فمرحبا بملاحظاتك وإضافاتك؛ إذ لست أدعي في هذا المحتوى الكمال.

ختاما، فإني قد صغت بفكري رؤية اقتصادية اعتمدت فيها أسس الاستدامة، وتبنيت بها آليات اقتصادية صحية، ثم ترجمتها في كلمات، صيغت في جمل، ثم في صفحات، تفصلت هذه الصفحات إلى محاور، حتى انتظمت بين أيديكم في كتاب

كويت الاستدامة. ولأني أؤمن أن الفكر الذي كتبت به الكلمة قد يغير إنسانا، والإنسان يغير العالم، كان هذا الجهد الحثيث في صياغة رؤية عميقة في أبعادها، طموحة في طبيعتها، صعبة في منالها، بعيدة عن الواقع الحالي، لأننا بها، وبها فقط، نبتغي تغيير الظروف الحالية، فكيف ننتظر لرؤية أن تكون واقعية في ظل الظروف الحالية؟ شبيهة لما نرتهن إليه من ظروف! إلا إن كنا نسلم لهذه الظروف ونرضى بها. فهل ترضى بمخرجات نظامنا الاقتصادي الحالي؟ إذا كانت إجابتك نعم، فنورني إذن؛ ما الداعي لصياغة الرؤية؟ أما إذا كانت الحال الراهنة تؤلمك، وتقض مضجعك، فأنت تعي جيدا أننا سنحارب هذا الواقع بسقف رؤية عالي الطموح، لا ينال من علوه هذا الافتراض بانعدام الواقعية. وبين معارض ومؤيد، وجب علي توضيح الرسالة؛ لتحقق رؤيتنا مبتغاها والمرجو منها، ويبقى الأمر بين يديك ورهن إجابتك التي تختصر جوهر المسألة.

عبدالله
السلوم

* * *

إلى وطني الكويت..

إلى أرضه، وشعبه، وقيادته..

أهدي هذا العمل..

والله من وراء القصد.

* * *

الكويت، ١١ نوفمبر ٢٠١٨

ما بعد الريعية هل تتحقق الاستدامة؟ مراحل التحولات الكبرى في اقتصادات الدول، صعبة المراس، شديدة الوطأة، فحينها لا يغادر الناس ما ألفوه واعتادوا عليه من ممارسة اقتصادية فحسب، ولكنهم يغادرون ثقافة، ويستبدلونها تدريجيا بثقافة جديدة، ومعطيات اجتماعية مختلفة.

ويبدو أن مرحلة التحول في الكويت كانت قد بدأت سنة ١٩٥٢، حين ارتفع دخل النفط ١٤ ضعفا، فصار للحكومة قدرات مالية مكنتها من لعب دور قائد في العمليتين السياسية والاقتصادية، وتحولت الطبقة التجارية عن استثماراتها التقليدية في السفن والتجارة والغوص، الى الاستيراد والتصدير والمناقصات مع الحكومة، ليصبح جيش من الغاصة والسيوب والشغيلة بلا عمل وبلا دخل، فكانت الآثار الاجتماعية المقلقة. وبدون مقدمات دخلت الدولة بإمكانياتها المالية الجديدة، لتوفر وظائف لا تستهدف النمو الاقتصادي، بل أغراض اجتماعية بحتة، كالقضاء على البطالة، ورفع مستوى المعيشة، وتوفير الخدمات العامة الأساسية كالتعليم والصحة وغيرها وتنشأ دولة الرفاه. كما أنها قامت بتأميم قرابة ٩٧٪ من الأراضي، وانتقلت من حالة ندرة وشح، إلى حالة وفرة غير موجهة، أطلقت عليها الأدبيات الاقتصادية «لعنة النفط».

كنت ولا زلت، أبحث عن مفاتيح لفهم ما جرى في تلك الفترة، ومدى تأثيرها، على الحقبة التي تلتها، والتي شهدت انفتاحا سياسيا واجتماعيا وعلميا وفنيا. كانت دراستي الموسعة عن سياسة الاستملاكات العامة عنوانا لمسارات أساسية، وتحولات في بنيان الاقتصاد السياسي، دفعت به وفرة مادية، وزيادة الدور المركزي للدولة، وبناء هياكل بيروقراطية شبه مؤسسية لاتخاذ القرار، ونظام لتوزيع الموارد غير متسق، وظهور أول بنك خاص كويتي، والبدء بأول خطة تنمية، وللمفارقة، كانت ربما آخر خطة يتم تنفيذها. وإنشاء مكتب الاستثمار الكويتي بلندن، ثم إنشاء الصندوق الكويتي للتنمية، وغير ذلك. تلا ذلك بعد عقد من الزمان مأسسة العملية السياسية بصدور دستور وانتخاب مجلس أمة. بدت تلك الحقبة، وكأنها فترة نهوض حتمية، لا نكوص بعدها، إلا أن ما حدث هو العكس، فبعد حالة عمها التفاؤل بالمستقبل، صار هناك قلق مركب، عززته ظروف إقليمية طاحنة.

صار السؤال المطروح هو، ما هو المخرج من حالة الاحتقان المضنية؟ وما هي المداخل لحلحلة الأوضاع وتحريكها والخروج من محطة ما بعد الريعية، إلى محطة تنويع الدخل والاستدامة؟ وهنا تأتي رؤية «كويت الاستدامة»، لمؤلفها الباحث عبدالله السلوم، فعلى الرغم من ملاحظاتي الجوهرية عليها، وصعوبة تطبيقها على أرض الواقع، إلا أنها تظل نتاج تفكير خارج الصندوق، ومحاولة جريئة، سعيا في الإجابة على بعض تلك

الأسئلة. إنها محاولة تستحق القراءة والمتابعة والمناقشة عسى أن تخرج منها حلولا لمأزق حاد يمر به المجتمع، فكل الشكر والتقدير للباحث عبدالله السلوم على الجهد المبذول، آملين أن تجد تلك الأفكار مكانا في الصياغة التنفيذية للتنمية.

أ. د. غانم النجار
أستاذ العلوم السياسية
جامعة الكويت

* * *

تقديم د. علي السند

الكويت، ٨ أكتوبر ٢٠١٨

ربما يستثقل الكثير من الناس القراءة في الفكر الاقتصادي المحض، ويعتبرون ذلك نشاطا مقتصرا على فئة من المختصين، والذين يصعب فهم أغلب كلامهم، وهذا راجع إلى أسباب كثيرة – ليس هنا مجال بسطها – لكن هذا الأمر جعل المجال الاقتصادي أبعد عن التداول العام من المجال السياسي، رغم العلاقة الوطيدة بينهما.

يخوض الناس في حديثهم بالشأن السياسي بشكل مسهب، ويتابعون تفاصيل الأحداث السياسية بصورة يومية، لكن المجال الاقتصادي هو الأكثر التصاقا بحياتهم العملية وهمومهم المعيشية اليومية، ورغم ذلك نلاحظ أن حديثهم واهتمامهم بمتابعة مستجداته وتطوراته أقل من اهتمامهم بالشأن السياسي.

وبعيدا عن الجدل حول العلاقة بين الاقتصاد والسياسة، ومن الذي يصنع الآخر؟ ومن الذي يؤثر أو يتأثر بالآخر؟ نستطيع أن نتفق على أن الاقتصاد هو المكون الأقوى من مكونات صناعة الواقع السياسي، فعلى الصعيد النظري نستطيع فصل علم الاقتصاد عن علم السياسة، لكن عند النزول إلى ميدان المجتمع والدولة سنكتشف صعوبة التفريق بينهما، بل قد يظهران بأنهما شيء واحد!

إن بناء مجتمع ناهض، وتأسيس تنمية مستدامة أمر لا يكاد يتحقق في ظل غياب العقول المبادرة، التي تخرج من حيز الاهتمامات الخاصة الضيقة، إلى فضاء الاهتمام بالشأن العام، وتقدم رؤاها لنهضة واقعها، فتنمية روح المبادرة في مجتمعات تعاني من التراجع في مختلف الميادين يعتبر حجر أساس لتقدم هذه المجتمعات، وليس بالضرورة أن تكون هناك مبادرة واحدة قادرة لوحدها على تحقيق آمال وطموحات الناس، ولكن بمجموع المبادرات وتلاقح العقول يمكن تحقيق التقدم، كما يقول أديسنون: "لو أننا جميعا نقوم بالأشياء التي يمكننا القيام بها، فإننا سندهش أنفسنا دون شك".

مايميز هذا الكتاب أنه استطاع تقديم رؤية الكاتب لتطوير الاقتصاد، لكن بطريقة تجعل القارئ يتيقن بأن الشأن السياسي لم يغب عن ذهن الكاتب أثناء التأليف، فهو لا يغرق في التنظير الاقتصادي المجرد، وإنما جعل الرؤية الاقتصادية المطروحة تنطلق من تَفهّم الواقع السياسي في الكويت مع عدم إغفال الواقع الاجتماعي.

ختاما، أعترف بأنني لستُ اقتصاديا حتى أقيّم مدى كفاءة أو واقعية الرؤية التي قدمها الصديق عبدالله السلوم، ولكن حسبي القول بأن الأستاذ عبدالله قد حاز شرف المحاولة، لتقديم رؤيته الخاصة لبناء تنمية مستدامة للكويت، قد تساهم بشكل مباشر أو غير مباشر في صناعة رؤية للكويت تتوفر فيها

كافة متطلبات الرؤية الناجحة، وتحقق آمال وطموحات شعب..
طال انتظاره!

د. علي السند
أستاذ الدراسات الإسلامية
الهيئة العامة للتعليم التطبيقي والتدريب

* * *

تقديم أ. محمد اليوسفي

الكويت، ٢٤ سبتمبر ٢٠١٨

مع دخول الشهر السادس من العام ١٩٤٦م، انقلبت المعادلات الاقتصادية في الكويت رأسا على عقب، فقد بدأت الدولة بتصدير النفط، وأصبحت الكويت تدريجيا إحدى أهم الدول النفطية في العالم، وبالتالي تدفقت على ميزانياتها عشرات – ومن ثم مئات – الملايين من الدولارات التي كانت تفيض عن حاجتها في ذلك الوقت، وهذا ما دفع الحاكم لتبني معادلة اقتصادية جديدة تعتمد على مبدأ "دولة الرفاه" و "توزيع الثروة."

هكذا بدأت الدولة في تشجيع مواطنيها من أصحاب المِهن والحرف على هجرة أعمالهم المُنتجة والانتقال إلى الوظائف الحكومية ذات الانتاجية المنخفضة، وقد تجاوب هؤلاء مع هذه الدعوة الكريمة، كيف لا والوظيفة الحكومية تضمن لهم حياة مهنية مريحة رواتب مالية مجزية دون التعرض للضغوط الدائمة واحتمالية الخسارة المصاحبة للأعمال الحُرة.

وقد ساهمت هذه الهجرة في قتل روح المغامرة والمبادرة لدى النسبة الأكبر من أبناء هذه الأمة، ومع مرور الوقت، أصبحت الكويت تعتمد بشكل كامل على مصدر وحيد للدخل وهو النفط، فمن تدفق أمواله تُنجز الحكومة مشاريعها، وتكسب ولاءات الأقطاب السياسية والاقتصادية بمناقصاتها، وتصرف

رواتب أغلب أبناء الشعب العاملين لديها، والكل سعيد وراضٍ عن سير هذه المعادلة.

وفي السنوات الأخيرة، بدأت الهزّات الاقتصادية في ضرب الأسواق العالمية، فتأرجحت أسعار النفط هبوطا وصعودا، وانكشفت عورة اقتصادنا المحلي المرتبط بهذه السلعة التي ليس لدينا قدرة على تحديد أسعارها، والتحكم في أسواقها، فبرزت هشاشة اقتصادنا الوطني وسهولة انكشافه، وأطَلّ علينا شبح عدم قدرة الدولة على الاستمرار بتأمين النموذج الحالي لـ "دولة الرفاه" و "الاقتصاد الريعي"، وهذا ما دفع أ. عبدالله السلّوم للتفكير في الإجابة على السؤال المُلح... ما هو مستقبل الكويت الاقتصادي؟ وكيف تنتقل من اقتصادها الحالي القائم على مصدر وحيد للدخل إلى اقتصاد ذو انتاجية حقيقية تتنوع فيه مصادر الدخل مما يضمن له الاستدامة والقدرة على مقاومة الهزّات الاقتصادية والتقلبات العالمية؟

ودون الدخول في شرح مفصل للرؤية التي يطرحها أ. عبدالله للإجابة على هذا السؤال، ودون الاضطرار لنقد أو تأييد أو تبني أو رفض هذه الرؤية، فالأهم هنا هو مبادرته كـ شاب كويتي في طرحها، وبالتالي فتحه الباب على مصراعيه لبقية الشباب الكويتي المتخصص في مجال الاقتصاد والسياسة لطرح ما لديهم من أفكار ورؤى تساهم في تشكيل الملامح الاقتصادية لكويت المستقبل، ومن خلال طرح هذه المساهمات الأهلية المقابلة للمساهمات الحكومية، ستتكون للقوى الشعبية

والفعاليات الاقتصادية هوامش مريحة لدراسة هذه الأطروحات ومناقشتها والمفاضلة فيما بينها، وبالتالي يعود القرار لنا – نحن الشعب – في تحديد مصيرنا ومستقبل أجيالنا القادمة، وذلك بعد أن استسلم آباؤنا المؤسسون للإغراءات النفطية وفوائضها المالية على مدى السبعين سنة الماضية!

قراءة ممتعة..

أ. محمد اليوسفي

باحث تاريخي ومحلل سياسي

* * *

الكويت، ٧ أكتوبر ٢٠١٨

بين السواد والبياض يفصل خيط رفيع، تماما كالخيط الذي يفصل بين الريعية والاستدامة. فباختلاف مفاهيم آليات العمل والفكر الإنتاجي فيما بينهما، فإن الأول يقوم باعتماده التام على إنتاجية الأرض ومواردها الطبيعية، بينما يقوم الاقتصاد الإنتاجي على ما ينتجه الإنسان فوق هذه الأرض. ولعل التباين بين الاثنين واضح وجلي، فالموارد الطبيعية تعد ثروات مهددة بالنفاد مع مرور الوقت والاستهلاك غير المقنن. بينما عقل الإنسان وإنتاجيته ليست كذلك؛ فالاتكالية والاعتماد على الريع معضلة شائكة تقلل من إنتاجية العمل وبالتالي ترسخ ثقافة مجتمعية ذات قيم سلبية، يتوزع فيها المجتمع في هرم ذي شرائح متباينة، تقل الفرص أمام الدنيا منها وتتزخر العليا منها بالكثير استنادا إلى البيروقراطية المقيتة.

وتتذيل الدول العربية قائمة العالم بأسره في رجعيتها، بذهنها الاقتصادي الريعي مستغلة الموارد الطبيعية ومهدرة من دونها العقول البشرية، إذ تعتمد على الإنتاج الريعي اعتمادا يتركها في الصفوف الأخيرة مقارنة بدول أخرى لا تملك من تلك الخيرات شيئا، وبالرغم من ذلك أحرزت تقدما اقتصاديا أفضل من الدول الريعية. وأهم ما تتجلى فيه ملامح اقتصاد وسياسة دول الريع هو ما تستند إليه في استراتيجياتها وآليات عملها من جانب القيم والمبادئ التي تشكل أسلوب الوصول إلى الأهداف

والغايات. ففي مساحة الدولة الريعية التي لا تبدي أي اهتمام أو احترام للقيمة الإنتاجية فإن كل من يتقن اقتناص الفرص لصالحه الشخصي تكون له الزعامة في قيادة الموقف. وهذا الأمر كفيل بأن يعكر أفق كل عزيمة بغمامة سوداء، محبطا ومثبطا إياها بما تبثه من تحقير لقيمة الإنتاج وعدم تبني القيم السليمة، والانحراف عن سلك النهج الصحيح الذي يستوجب تقدير ذوي الكفاءات وأهل الخبرة والعلم.

ويجيء هذا الكتاب لتسليط الضوء على الاقتصاد الكويتي بشكل خاص، هادفين فيه إلى أن نضع نصب أعيننا مسألة التصدي لقلة الإدراك الحقيقي والاستدراك الدقيق لمفهوم الرؤية الاقتصادية، المتمثل على هيئة حلول جذرية تستهدف قضايا الاقتصاد الكلي للدولة، بالسعي لتبيان وتوضيح كيف يمتد الأفق بعيدا في رسمه ووسمه عما صوره لنا كل من كان قد أدلى بنصيحته فيما يتعلق بالشأن الاقتصادي الكويتي. آملين أن تحقق رؤية «كويت الاستدامة» المرجو منها، ويكون لها نصيب في رفع سقف الوعي المجتمعي في الشأن الاقتصادي؛ وعي يمكنه من أن يبصر ويدرك تبعات الأمور ومجرياتها، فيبني نظرته الخاصة ورأيه الناقد عن دراية تامة.

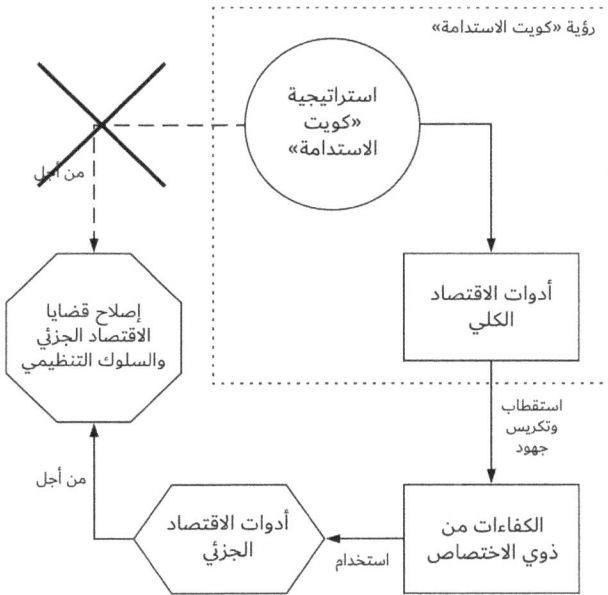

هذا ولا يمكننا أن نتخذ إصلاحات قضايا الاقتصاد الجزئي والسلوك التنظيمي وسيلة لغاية تحويل الاقتصاد الكويتي إلى اقتصاد مستدام، بل عليه أن يكون نتيجة لإصلاحات داخل نطاق الاقتصاد الكلي، التي بدورها تنقل الاقتصاد الكويتي إلى الاستدامة، وتلتهم تلك القضايا التي تأصلت ونمت في ربوع الاقتصاد الريعي الكويتي؛ كتضارب المصالح، والفساد الإداري والمالي، واستغلال موارد الدولة دون وجه حق، وما إلى ذلك من قضايا لا تقع ضمن اختصاص من يرسم الرؤية، بل من

اختصاص من تكلفهم استراتيجيات هذه الرؤية لتحقيق أهدافها التي تصب في صالح الاقتصاد الكلي وحسب.

وفي ضوء كل ما سبق، فإن ما نحتاجه لضمان خروجنا من هذا الوحل يتمثل في تمكين العقل البشري، وإكساب الثقة لمن هم أهل لها، والبذل ثم البذل للإصلاح الاقتصادي دون الاكتفاء بالتخطيط المصطنع بغرض مواكبة تطور دول مجاورة، أو إسكات أفواه الرأي العام. لا تنكأ الجرح دون تضميده، فجميعنا على يقين تام بمصدر العلة وسبب الداء، نسعى بشفافية تامة ونية صادقة قاصدة الإصلاح والتغيير، والتطبيق الصارم لكل ما يكفل تحول الاقتصاد لاقتصاد مستدام منتج لا يعتمد على مورد طبيعي ناضب، بقوانين وقرارات تصدر عن حكمة منيعة، تكفل تطور وتغير وتطويع ثقافة مجتمع بحاله، وبهمم أصحاب النوايا الحسنة الذين لا يعيرون لمصلحتهم الشخصية أي اهتمام، إنما يبذلون قصارى جهدهم للسمو بكويت جديدة، كويت مستدامة، كويت يبني أبناؤها، بقلوبهم قبل أيديهم، مجدها ومستقبلها ليتوارثه جيل عن جيل من بعدهم. هي لنا، فهل نحن لها؟

عبدالله
السلوم

* * *

كويت الاستدامة

رؤية شعب، منه وإليه ..

عبدالله السلوم

شاركنا رأيك على:

#كويت_الاستدامة

١

– المحور الأول –

لحظة الإدراك

الكويت، ٩ أغسطس ٢٠١٨

موجز المحور

من منطلق الحاجة الماسة التي تأتي نتيجة لقلة الإدراك الحقيقي وتعطل التشكل الدقيق لمفهوم الرؤية الاقتصادية المتمثلة على هيئة حلول جذرية تستهدف قضايا الاقتصاد الكلي للدولة، فإني عزمت على أن أكرس جهدي الحثيث مترجمًا إياه في سلسلة من عشرة محاور، مخاطبا فيها كل شخص يغيب عن مخيلته مفهوم الاقتصاد الحقيقي؛ لتبيان وتوضيح كيف يمتد الأفق بعيدا في رسمه ووسمه عما صوره لنا كل من كان قد أدلى بنصيحته فيما يتعلق بالشأن الاقتصادي الكويتي. سلسلة تتبنى آراء هامات وأعلام في الاقتصاد والإدارة في محيط الكويت والدول المجاورة، أبرزوها بعنوان «كويت الاستدامة»، ليكون اسما لهذه السلسلة التي تنطلق من هذه المقدمة، مدفوعة بهمة عالية وآمال كبيرة في أن يلقى هذا الجهد نصيبه في رفع سقف الوعي المجتمعي في الشأن الاقتصادي، وعي يمكنه من أن يبصر ويدرك بها تبعات الأمور ومجرياتها، فيبني نظرته الخاصة ورأيه الناقد عن دراية تامة بأن ما تم تحريره في جهود عنونت رؤيتها باسم «كويت جديدة» كانت قد اجتهدت إلا أنها لم توفق تماما، وسددت دون أن تقارب، ميسرة بمنهجيتها هذه السبيل لمن اتخذ التملق سياسة بائسة له، تخدم تطلعاته الشخصية البسيطة، التي تبني ثروات متنفذين، دون أن تصنع

ثروة وطن يشاد بعلو مهنيته وحكيم إدارته، وتفاني خدمته للجميع.

* * *

ما بين حاذق وغافل فيما يتعلق بوجهة بلادنا اقتصاديا، هذا البلد الذي تقوده أقطاب نكاد نجزم بتقصيرها في أعمالها وخططها وإنجازاتها، درجت على القصور التشريعي الذي لا ترغب في أن تمليه، من ملاحقة ساذجة لأصحاب الرأي والقرار، أو مساندة من قد يشيد، تملقا، فيما يخدم مصالحها، ويكفل استمرار بقائها وانتفاعها – حسب ما أراه شخصيا وفق مبادئي، لا حسب ما تراه هي –.

كان لنا دور في افتراض مبدأ حسن النية فيما يتعلق بتعاطي تلك الأقطاب مع مجريات العمليات الإدارية والمالية؛ إذ كان للعامة دور في الإدلاء بالنصيحة المبطنة ثم الجريئة ثم الوقحة ثم المتعدية على حقوق تلك الأقطاب وفق قصور التشريع الذي اعتمده قانون قد يكون بشكل أو بآخر – وعلى نحو مثير للريبة – خارجا عن المنطق والأعراف. فما كان ليقيننا إلا أن يزداد يوما بعد يوم في حقيقة كون هذه الأقطاب آخر من يستمع لآراء محبي هذه الأرض. ونظرا لما تمليه علينا مسؤوليتنا الأخلاقية، ويرتضيه ضميرنا الذي عد المصلحة العامة والمسؤولية الاجتماعية أصلين تقوم على أساسهما آراؤنا وأعمالنا، وفق الأعراف العامة،

فإن خطابنا في هذه السلسلة ليس موجها لهذه الأقطاب وحسب، بل أيضا للبسطاء من أبناء هذا الوطن.

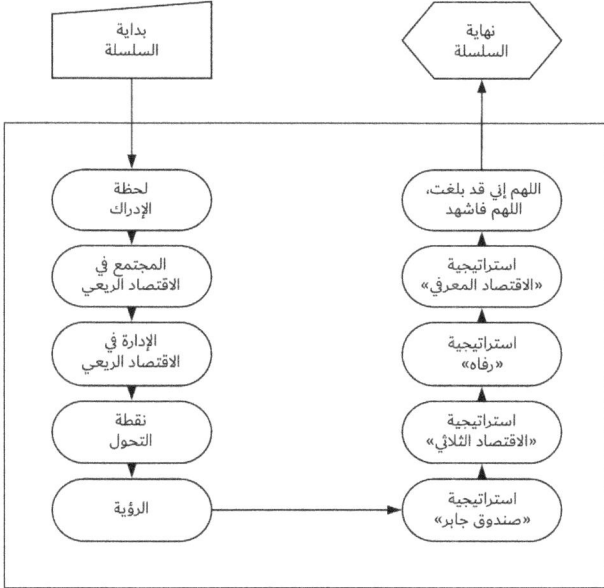

في عهد تبنى فيه رؤية الكويت ٢٠٣٥ «كويت جديدة»[١]، أقدم سلسلة من عشرة محاور تبين لكل شخص منا، يغيب عن مخيلته مفهوم الاقتصاد الحقيقي، مدى الجرم المشهود في أعين أغلب من أدلى بنصيحته المضللة لتلك المجموعة فيما يتعلق بالشأن الاقتصادي الكويتي. سلسلة تتبنى آراء هامات في الاقتصاد والإدارة في الكويت والدول المجاورة. «كويت

الاستدامة» هو اسم لهذه السلسلة التي تبدأ بهذه المقدمة، وتتطلع في نهاية المحور العاشر لأن ترفع من سقف الوعي المجتمعي في الشأن الاقتصادي، إلى وعي جديد يدفع أصحابه إلى تلمس مواطن الخلل ومعرفة من تسبب به من أقطاب تجرأت في إعلان رؤيتها «كويت جديدة»، وساندت من اتخذ التملق سبيلا له، فيما يخدم تطلعاتها البسيطة، التي تبني ثروات متنفذين لا ثروة وطن يشاد بمهنية إدارته وبخدمته للجميع.

ريعية الاقتصاد الكويتي القائم على مصدر دخل بيعي – النفط – الذي تشكل إيراداته ما يقرب من ٩٠٪ من إجمالي الإيرادات هي صورة الكويت التي نراها اليوم[٢][٣]، من استهلاك محلي للواردات[٣]، وبشكل يتنافى مع جميع قواعد الاقتصاد الكلي التي تدرس في مقررات مبادئ الاقتصاد الكلي في الجامعات. إن النفط أصل لا يختلف عن النقد في نوعه، بل في مدى سهولة تسييله مقابل المنتجات والخدمات الأخرى. فمن حيث المبدأ، فإن الاقتصاد الكويتي قائم على خزينة تحتوي على أصل قابل للنفاد أو التهديد بانخفاض ندرته في أي لحظة.

فالتساؤل هنا؛ وإن كان لتلك الأقطاب رؤية تمثلت في أهداف «كويت جديدة»، فما هي تلك الأهداف التي تنهي معضلة اعتماد الاقتصاد الكويتي على ريع مصدر الدخل البيعي؟ لست ممن ينتظر الجواب اليوم، ولكم انتظرت ذلك في مقالات سابقة.

وإن كان هناك جواب ساذج، فأشك في توافر الوقت لأطيل عليك بغرض تفنيده. فإن كان هذا الاقتصاد مبنيا على مصدر دخل بيعي، وإن كانت «كويت جديدة» لا تصنع تغييرا في هذا الشأن، فأين الإنجاز الاقتصادي إذا؟

فبحدود الرأي المبني على قصور التشريع، فإن الإنجاز الاقتصادي هو ما سيتمثل برؤيتنا هذه، والتي أسميناها «كويت الاستدامة»، التي تضع الرؤية الحقيقية لاقتصاد كويتي حقيقي مبني على أهداف يتطلب نيلها إصلاحات جذرية في الاقتصاد الكلي، التي بدورها تلتهم عقبات الاقتصاد الجزئي والفساد المالي الإداري، وتفند آليات الديموقراطية غير الحقيقية التي تشهدها السياسة المحلية. رؤية لا نطمح بأن نقدمها لتلك الأقطاب وحسب، بل لكل مواطن قلق على مستقبل أبنائه وأحفاده. رؤية ترفع سقف طموح كل مواطن لا حيلة له، برفده بالمعرفة وتمكينه بالحيلة والحجة في الرأي أمام كل قيادي أو متملق متسلق، منجزة بذلك وعيا مجتمعيا جديدا، مصغرة بعينه أدوات القيادة التي لطالما شكونا انعدام مهنيتها في السنوات السابقة.

فباسم الله نبدأ..

* * *

٢

– المحور الثاني –

المجتمع في الاقتصاد الريعي

الكويت، ١٦ أغسطس ٢٠١٨

موجز المحور

ما كان لنتاج الريعية إلا أن يصنع ثلاث فئات مجتمعية مختلفة، تتبدل آراؤها بناء على مدى انتفاعها من القيادة؛ فئة مؤيدة، وفئة معارضة، وفئة أخرى صامتة، تتحارب فيما بينها جدلا جراء قضايا سياسية واجتماعية وثقافية ودينية، لا تتعدى الاقتصاد الجزئي للدولة، اعتقادا بأن ذلك هو ما يصنع المجتمع المتطور سياسيا واقتصاديا واجتماعيا.

ولكن المشكلة الحقيقية تكمن في الاقتصاد الكلي للدولة، الذي كان لمعضلاته دور في خلق قضايا الاقتصاد الجزئي، تلك التي تصنع اختلافا منعكسا على تلك الفئات في الآراء السياسية والاقتصادية والثقافية والاجتماعية.

* * *

انقسمت الآراء فاجرة في الخصومة بين مؤيد ومعارض تجاه أي انتقاد يوجه إلى القيادة. والقيادة هنا لا تعني بالضرورة «الحكومة»، فلكم ولكم شهدنا قدرة قيادة السلطة التشريعية على الخوض في تفاصيل أداء السلطة التنفيذية بشكل مباشر. لكن القيادة هنا تأتي بمعنى تلك المجموعة التي تقود الدولة داخليا، أيا كانت مناصب أفرادها. آراء وأصوات خاضعة تردد

بانصياع تام «الله لا يغير علينا»، ترفع من شأن أبسط إنجازات تلك القيادة، وتغض الطرف عن مساوئها، وهي إن استطاعت، فإنها تأتي بحجة لها وتختلق الأعذار دفاعا عن نفسها. ومن الضفة المقابلة، تصدح آراء أخرى مخالفة لما سبق، يتلازم نقدها تباعا مع أي تقصير يصدر من القيادة، وكأنها في الوقت ذاته تتعمد غض الطرف عن أي محاسن من أفعالها – إن وجدت –، وتتسابق في التشكيك والتقصي باحثة عن أي علة تظهر الجانب السلبي لأي إنجاز صفق له الشارع والرأي العام تقديرا.

ومع ما يلف كلا من تلك الفئتين من غموض وخفايا، تجد الفئة الصامتة التي لا حول لها ولا قوة متعطشة لأي إنجاز يسد احتياجاتها، ويزيد من فرص رفاهيتها. وفئة أخرى محور تفكيرها يتأصل حول الموضوعية؛ فما يحكم تحالفاتها هو القضايا التي تتفق إجماعا معها، واضعة نصب عينيها المصلحة العامة قدر استطاعتها. وما كان للعدول عن الصواب وفجور الخصومة إلا أن يزرع الشك عند هاتين الفئتين، مخلفا كل منهما على هامش الأمل، لتنضما إلى تلك الجموع – المؤيدة والمعارضة – بقصد تحقيق مصالحهما وسد احتياجاتهما في زمن رفاهية لحظي اقترب أوان زواله.

«الله لا يغير علينا»؛ لطالما انتفعت هذه الفئة في هذه الحقبة، وفق أسسها المبنية على التملق والإشادة بما لا يستحق الإشادة به، من أجل إرضاء القيادة. و«لن نسمح»؛ وقد رأت هذه

الفئة الضرر فيها متفشيا على نفسها وعلى من هم حولها من بقية أبناء هذه الغابة، تحت ظل وضع يلزمها أن تسعى جاهدة لتكون عونا للضعيف، حامية لحقوقه من تلك المجموعة التي سمحت لنفسها أن تضطهد الضعفاء، بما يخدم تطلعاتها ومصالحها.

وإن كان الأمر نسبيا، ويختلف في موازنته من فرد إلى آخر، ومن زمن إلى آخر، فما الذي تبدل إذا؟ سواء شاؤوا أم أبوا، ها هي الكويت تواجه عصرها، وتشهد زمنا تسجل به تراجعا في خدماتها وتطلعاتها وسبل إدارتها الداخلية، بما يتجاوز المقرر في ميزانياتها.[٣] وقد مرت عبر أزمنة كان بها المعارض في يومنا هذا حليفا للحكومة، وأزمنة أخرى كان بها حليف اليوم معارضا لذات الحكومة، وإن اختلفت المعايير وتبدل الأشخاص، فالقضايا واحدة، والمشهد يعاد تكراره، ينتفع به من ينتفع، ويخسر به الوطن الذي صيروه بهمجية أفعالهم غابة يبطشون بها من غير تحكيم عقل ولا منطق.

إن التباين الذي تفرضه طبائع الناس وما ينطلقون منه من مبادئ يجعلهم منقسمين ما بين سمو أخلاق وعقلانية ومنطق، وما هو نقيض ذلك تماما. فما بين حب وكره وتقدير، ونكران وعطاء وتقاعس، وبذل وجحود وجود، وبخل ووفاء وخيانة وقناعة وجشع، يتلون الناس ويختلفون وفقا لطباعهم وشخصياتهم، وما يحكم ضمائرهم. وليس لهذا التباين أدنى حق

في أن تسلم له الراية لقيادة الوطن. وما يحكمها في قيادة هذا الوطن هو النظام. وليس العيب بالضرورة كامنا في شخصك إن كنت فردا من القيادة وتسببت في الفساد، وليس كذلك في المعارض الذي يفجر في الخصومة، والذي لم تكن له حجة جلية إلا بعد تشخيص قضاياه، إنما العيب في نظام جمعنا؛ نظام سمح وفق قانونه، قاصر التشريع، للقائد أن يقوم بما هو فاسد – وفق العقل والمنطق والأعراف –، فساد قد تراه القيادة بأنه يأتي بحجة المصلحة العامة، وهذا قد يخدم قضايا، ولكنه في الوقت ذاته يضر بقضايا أكثر عمقا. نظام يسهل تجييره خدمة لمصالح ذاتية، إذ بدا ظاهرا للعامة مدى افتقار «االقانون» لمبادئ «الأخلاق». أما وجب أن يكون القانون دليلا مكتوبا للأخلاق العامة في شتى المجالات؟

إن المعضلة يا سادة ليست بتلك المعضلة الأخلاقية أو الاجتماعية أو السياسية أو الدينية وحسب، إنما هي بحد ذاتها معضلة اقتصادية تتفرع منها آثار سلبية في شتى المجالات سالفة الذكر. وإذا ما ظللنا نحتكم إلى قوانين تفتقر إلى المقومات الاقتصادية الرصينة فلن نجد حلولا منطقية لتلك المعضلة. لا شك من أن الإصلاح السياسي أمر ضروري، ولكنه قد لا يصب في المصلحة العامة إن لم يدرك الوجهة الاقتصادية الصحيحة، الأمر الذي سيصنع – بعد عقود من الزمن – نظاما سيئا كالنظام الذي نشهده في وقتنا الحاضر.

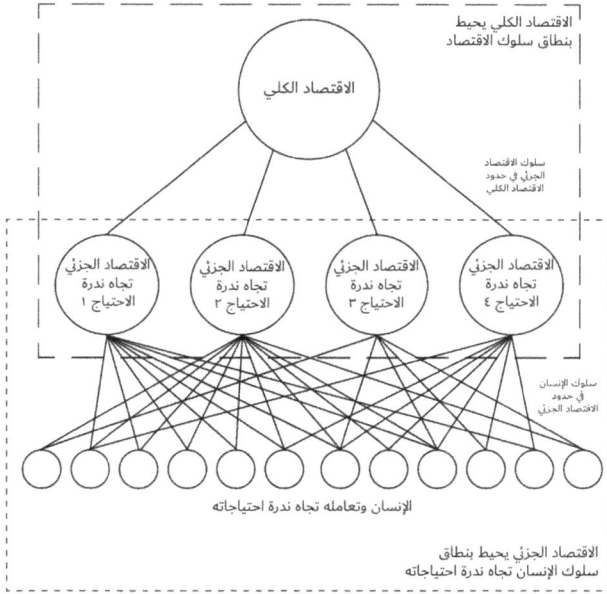

يتحتم علينا أولا التطرق إلى العلاقة بين الاقتصاد الجزئي والكلي، فالاقتصاد الجزئي هو ذلك الاقتصاد الذي يدرس سلوك الإنسان تجاه ندرة احتياجاته، أما الكلي فهو الذي يدرس سلوك الاقتصاد الجزئي تجاه اقتصاد الدولة ككتلة واحدة. بذلك ندرك بأن سلوك الإنسان مبني على معطيات في الاقتصاد الجزئي، التي كانت نتاج معطيات أعلى رتبة في الاقتصاد الكلي. ولا شك في أن لكل منهما نظرياته الخاصة. والعلاقة بينهما تستوجب الممارسة نوعا ما، فمن البديهي حل إحدى مشكلات الاقتصاد الكلي بوساطة قرار يخضع لنظريات الاقتصاد الكلي، والأمر

مماثل في الاقتصاد الجزئي. ولكن، هل من الممكن حل معضلة ما في الاقتصاد الكلي بوساطة قرار خاضع لنظريات تعتمد على الاقتصاد الجزئي؟ بالطبع لا، بالرغم من إمكانية حدوث العكس. أي أن حل قضايا الاقتصاد الجزئي يتم عن طريق آليات الجزئي أو الكلي أو بكليهما. أما قضايا الاقتصاد الكلي فيتم حلها وفقا لآليات الاقتصاد الكلي فقط.[٤]

عند العودة إلى تلك المعضلة الاقتصادية المتمثلة بمجموعة كبيرة من المشكلات الصغيرة، يمكن الجزم بأن أغلب قضايا الفساد الإداري – الناتجة عن قصور في التشريع، والمرفوضة وفقا للأعراف العامة – تنحدر من الاقتصاد الجزئي كونها تتطرق إلى سلوك الإنسان – سواء كان من القيادة أو مؤيديها أو معارضيها أو المحايدين – المندفع برغبته في إشباع احتياجاته المتمثلة بالمال أو السلطة أو الجاه. ولحل تلك المشكلات يجب السعي في سد القصور التشريعي، على مستوى الاقتصاد الجزئي، فيما يتعلق بتلك التجاوزات غير المقبولة – وفقا للأعراف –. ولكن هذا الأمر أشبه بالمستحيل كون المشرع هو من يتعايش – منتفعا أو متضررا – مع تلك المشكلات التي نواجهها اليوم. الأمر الذي يصنع تصادم – نزاع «تضارب المصالح» – كما أسلفنا الذكر مرارا، ونتج عنه قضايا اجتماعية وسياسية، وبالتالي اقتصادية أخرى صانعة تلك المشكلة المعقدة.

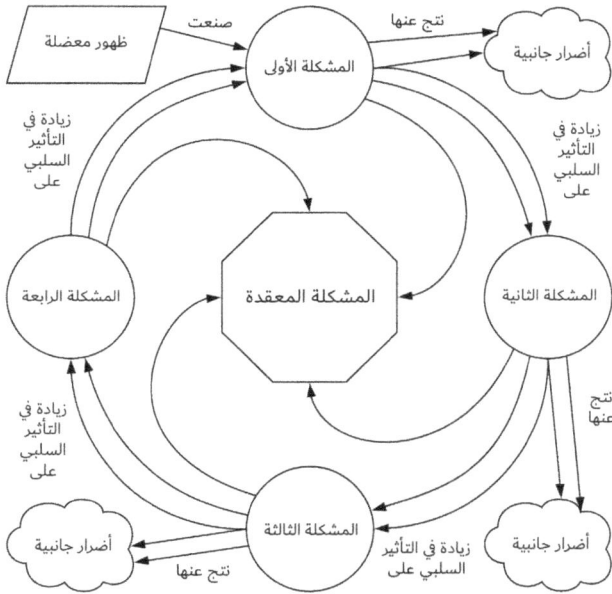

يرجع مفهوم المشكلة المعقدة أو العودية إلى المعنى الذي
ينص على أنها تلك المشكلة الكبرى التي تتكون نتيجة نشوء
مشكلات صغيرة متعددة ترتبط فيما بينها. ويبدأ هذا النوع من
المشكلات بظهور مشكلة واحدة صغيرة، تتسبب هذه المشكلة
بظهور مشكلة صغيرة ثانية، وتلك الثانية تولد مشكلة ثالثة،
وهكذا بالتتابع وصولا للمشكلة الأخيرة التي تزيد من حدة
مساوئ الأولى. تتكرر الدورة ابتداء من المشكلة الأولى بآثار
ومعطيات سلبية أكثر حدة، الأمر الذي يزيد من مساوئ
المشكلة الثانية التي بدورها تزيد من مساوئ المشكلة الثالثة،

والثالثة تؤثر كذلك في المشكلة الأخيرة، حتى يعود التأثير للحلقة الأولى من السلسلة، فتكون نتائج المشكلة الأخيرة عودية على الأولى. وبذلك، تكبر فقاعة المشكلة التي كانت من صنع نمط العودية المتعلقة بالمشكلات الصغيرة، هذه الفقاعة يطلق عليها اصطلاحا «المشكلة المعقدة».[٥]

ونتيجة لتلك العقبة – عقبة نزاع «تضارب المصالح» – التي شكلت معضلة أمام كل من يسعى لتحسين الوجهة الاقتصادية لدولة الكويت، سواء على الصعيد الداخلي أو الخارجي من خلال تحسين دور مؤسسات الدولة أو القطاع الخاص أو خلق بيئة اقتصادية جاهزة للاستثمار الأجنبي، أما وجب الالتفات لحلول الاقتصاد الكلي التي تبدو قادرة على التهام مشكلات الاقتصاد الجزئي سالفة الذكر؟

* * *

٣

– المحور الثالث –

الإدارة في الاقتصاد الريعي

الكويت، ٢٣ أغسطس ٢٠١٨

موجز المحور

يعد الاقتصاد الكويتي اقتصادا ريعيا قائما بشكل شبه كلي على إيرادات الصادرات النفطية. ريع تلك الصادرات يصب في أعلى الهرم الإداري للدولة، وينتقل إلى القطاع الخاص عن طريق المناقصات والممارسات، أو عن طريق استهلاك موظفي القطاع الحكومي والخاص لمنتجات وخدمات يوفرها القطاع الخاص. وعلى الرغم من وجود فئة أخرى في القطاع الخاص تستهدف الأسواق العالمية من خلال التصدير إلى الخارج، إلا أنها لا تضيف أي تأثير حقيقي على الاقتصاد الكويتي.

وبناء على ذلك، ونظرا لشبه ثبات كمية الصادرات النفطية واعتمادها على كفاءة موظفي القطاع النفطي وحسب، فإن الكفاءة الإنتاجية في بقية القطاعات الأساسية لا تعد مطلبا أساسيا لازدهار الاقتصاد الكويتي، بل إن الموالاة والمصالح المشتركة قد أصبحتا المطلب الجديد الذي يستحوذ به المرء على التقدير والدعم، بل ويحقق من خلاله مصلحته الذاتية بشكل غريزي طالما لم تتعارض مأخوذاته مع القانون الذي

يستباح وتتبدل لوائحه متلونة مع احتضان هذه الثقافة عديمة المبدأ.

* * *

إن الاقتصاد الريعي هو الاقتصاد الذي يعتمد على عوائد خارجية، تدار بمنهجية مركزية، ناتجة عن بيع أو تأجير موارد الدولة دون وجود حاجة للإنتاجية الداخلية، مستنفدة موارد الأجيال القادمة حد الاستنزاف. ولإدراك آليات إدارة هذا النظام الريعي يتوجب علينا أولا أن نفهم كيان الاقتصاد الكويتي.

اقتصاديا، يندرج الاقتصاد الكويتي تحت تصنيف الاقتصادات الريعية، إذ يعتمد بطبيعة الحال وعلى نحو شبه كلي على مصدر دخل بيعي – النفط –[٣]، الذي يتوجه ريعه إلى القيادة التي تقوم بإدارة مسائل توزيع الثروة عبر مؤسسات الدولة إلى كل من المواطنين العاملين في القطاع الحكومي والقطاع الخاص، وإلى المؤسسات الحكومية لأغراض تحسين أدائها الوظيفي وسد احتياجاتها، وإلى القطاع الخاص، على شكل مناقصات أو ممارسات، بهدف سد الثغرات وتنفيذ مشاريع القطاع الحكومي.

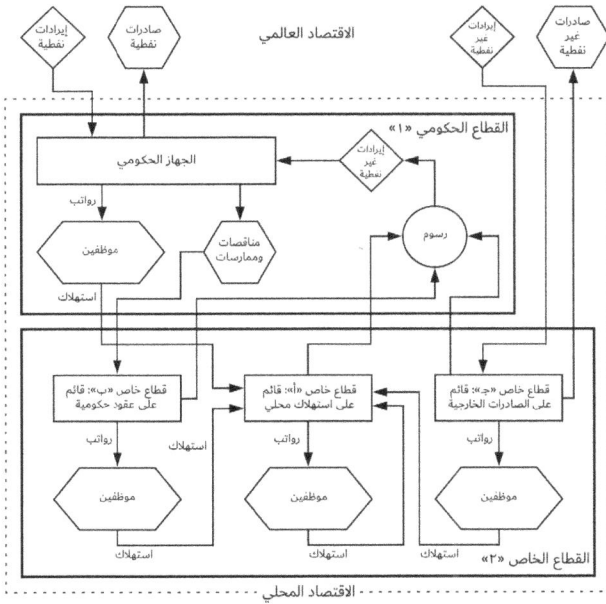

وبناء على ما سبق توضيحه أعلاه، يكون ريع الصادرات النفطية هو مصدر دخل القوى العاملة داخل حدود الدولة عامة، عدا فئة واحدة تصنف ضمن القطاع الخاص، ويعتمد نشاطها بشكل مباشر على التصدير إلى الخارج. وفي ضوء الجدل المحيط بهذه المسألة، وفي ظل زخم تعقيداتها، قد يلتبس الأمر عند البعض معتقدين بانعدام وجود تأثير على فئة ما في حال ارتفاع أو انخفاض قيمة الصادرات النفطية. وفي ظل حديثنا هذا فإننا لن نتطرق إلى القطاع الحكومي لارتباطه بعلاقة مباشرة ووطيدة مع ريع الصادرات النفطية، بل سنسلط عدسة المجهر على

القطاع الخاص، لارتباطه بجهات لا علاقة تجمعها بأي جهة حكومية بتاتا، كالجهات التي تخدم القطاع الاستهلاكي أو الخدمي، وما سوى ذلك من قطاعات. إن كانت الفئة في القطاع الخاص غير قائمة على التصدير إلى الخارج، فهي بلا شك قائمة على الاستهلاك المحلي وحسب، أي أن ما تركز على استهدافه هو حاجة الأفراد داخل حدود الدولة. يختلف مجال عمل هؤلاء الأفراد الذين يشكلون الفئة المستهدفة؛ فمنهم من يعمل في مؤسسات حكومية، أو مؤسسات خاصة مرتبطة بشكل مباشر بمؤسسات حكومية، أو في مؤسسات خاصة غير مرتبطة بمؤسسات حكومية – كالفئة التي نشير إليها الآن –، أو في مؤسسات خاصة قائمة على التصدير إلى الخارج، والتي تشكل نسبة ضئيلة جدا. ففي حال كان التهديد مرتبطا بريع الصادرات النفطية، فلا شك من أنه، من خلال التقشف الحكومي، سيمس وبشكل مباشر موظفي المؤسسات الحكومية أولا، الذين يشكلون نسبة كبيرة من الشريحة المستهدفة من قبل هذه الفئة في القطاع الخاص. ثانيا، موظفي المؤسسات الخاصة المرتبطة بشكل مباشر مع مؤسسات حكومية. والسبب في تأثرها عائد إلى سياسات التقشف فيها، إثر اعتماد تلك المؤسسات الخاصة على المناقصات أو الممارسات الحكومية التي تغيرت سياساتها مواكبة لسياسة التقشف الحكومي الذي نتج عن ارتفاع معدل التهديد الخاص بريع الصادرات النفطية. ثالثا، موظفي المؤسسات الخاصة غير المرتبطة

بمؤسسات حكومية، وذلك نتيجة لسياسات التقشف فيها إثر انخفاض القوة الشرائية لشرائحها المستهدفة سالفة الذكر. وبناء على ذلك، فإن المستفيد من هذا كله هو الموظف في تلك المؤسسات القائمة على التصدير إلى الخارج، وذلك بسبب عدم وجود رابط بين أعمالها، أضف إليه التهديد الذي يواجهه ريع الصادرات النفطية.

إن القيادة الداخلية للدولة، بمفهومها الذي تقدم شرحه في المحاور السابقة، هي حلقة الوصل التي تربط بين دخل الصادرات النفطية ودخل القوى العاملة داخل حدود الدولة. وكون الكفاءة في القطاع النفطي، الذي تشكل قواه البشرية جزءا صغيرا من إجمالي القوى البشرية لجميع القطاعات، هي ما يؤثر على إجمالي دخل الصادرات النفطية بصورة حصرية، فإن انعدام الكفاءة في القطاعات الأخرى لن يشكل أي «تهديد» على دخل القوى البشرية في القطاع النفطي أو بقية القطاعات المتعلقة بدخل الصادرات النفطية.

انعدام هذا «التهديد» صنع ثقافة تأسست وتأصلت خلال السبعين عاما الماضية، منذ بوادر اكتشاف النفط. فالقائد في القوى البشرية، أيا كان موقعه، طالما كان خارج القطاع النفطي، لن يجد أي تهديد اقتصادي يمس راتبه الشهري وإن قصر في عمله، أو قصر من هم أدنى منه رتبة في عملهم، أو حتى من هم أعلى منه. والسبب في ذلك يكمن وراء عدم اعتماد دخل

الصادرات النفطية على أدائهم في العمل، أو ما يسمى بالكفاءة الإنتاجية. وإن كان عرضة لأن يواجه تهديدا – إداريا – ناتجا عن قائد مهني أعلى منه رتبة، وحريص على إكمال مهام إدارته على أكمل وجه، فهذه العقود صنعت تلك البيئة الطاردة لهؤلاء الذين قد يوجهون تهديدات إدارية لعديمي الكفاءة، والسبب هو تبدل الطباع المجتمعية وسبل الترابط بين فئات المجتمع. فما كان لتلك الثقافة إلا أن تولد «العلة» الاقتصادية الأساسية – في نطاق الاقتصاد الكلي – التي خلقت جميع مشكلات الاقتصاد الجزئي سالفة الذكر. فالعلة (عدم اعتماد ريع الصادرات النفطية على الكفاءة الإنتاجية) جديرة بتبديل صفات العلاقة بين أطياف المجتمع، على الصعيد المهني الذي ينعكس اجتماعيا وثقافيا بصورة سلبية.

فعلى هذا الصعيد المهني والإداري، وتبعا لكون الكفاءة الإنتاجية لا تعد مطلبا للاستمرارية أو الارتقاء أو ثبات المنصب – من أعلى منصب في القيادة سالفة الشرح إلى منصب رئاسة مجلس الوزراء وحتى أدنى مسمى وظيفي في أي وزارة وما يتخللها من مناصب –، فقد أصبحت الموالاة والمصالح المشتركة هي المطلب الجديد الذي يستحوذ به المرء على التقدير والموالاة، بل ويحقق من خلاله فائدته الذاتية بشكل غريزي طالما لم تتعارض مأخوذاته مع القانون، الذي يستباح وتتبدل لوائحه متلونة مع احتضان هذه الثقافة عديمة المبدأ.

ومع التعود والاعتياد، شيئا فشيئا تعدى الأمر حدود الانتفاع الشخصي، وأصبح المرء مهيأ بطبيعة حاله للتقصير في عمله من باب التخاذل والتقاعس في إنهاء أعمال الأمة والالتفات لمصالحها، لهثا خلف هدف ثانوي يبتغي منه الحصول على امتنان طرف ثالث يضمن له تحقيق مصالح شخصية في قطاع أو مجال آخر. ونظرا إلى أن هذه المعضلة تعد مسألة عودية، فما كان لهذه الثقافة الإدارية إلا أن تتكتل متمحورة حول نفسها، صانعة أجيالا وأطيافا مقصرة في أدائها المهني، متكيفة مع قناعة تقديم منافعها ومصالحها الذاتية على حساب الجميع بما فيها الوطن. وكلما كبر هذا التمحور الذي يغفل عن المبادئ ويهمش الأمانة المهنية ضاربا إياها عرض الحائط انخفض أداء القطاعات في الدولة تبعا لذلك، وتضرر كل من يعمل داخل حدود الدولة من تردي الخدمات، بمن فيهم المتسببون في حبك هذه العقدة وهندسة هذا التمحور. حينها تعلو الأصوات صارخة بالتذمر، وتطول قائمة الشكاوى نتيجة ما يواجهه الأفراد من خدمات دون مستوى التوقع.

تلك العلة لم تقصر في القيام بواجبها على أكمل وجه!؛ إذ إنها أسست هرما إداريا مبنيا على أسس غير صحية في مختلف النواحي الاقتصادية والسياسية والاجتماعية والثقافية والدينية. فيما تفاوتت نسبة الفائدة والانتفاع الشخصية ما بين شخص وآخر بناء على موقع الشخص في هذا الهرم، فكلما ارتفع موقعه فيه ازدادت قدرته في الحصول على أكبر قدر ممكن مما يتم

تجزئته من ريع الصادرات النفطية والتي تصب في أعلى الهرم. والجدير بالذكر أن ثبات هذا الهرم وقوة متانته تعتمد اعتمادا كليا على من هم في المواقع الدنيا منه، وأي خلخلة أو زعزعة تجاه ثقتهم بمن هم فوقهم يشكل قوة فتاكة قد تتسبب في هدم هذا الهرم الإداري.

ووفقا لكل هذه التداعيات، نتجت الاستراتيجية المتبعة في وقتنا الحالي، والتي يدار فيها هذا الهرم وفقا لما تم التعارف عليه، وبما تهدف إليه من تفرقة وتفكيك أي اتحاد لمن هم أدنى مرتبة، والذين يضعون تركيزهم في حصر سلبيات من يعلونهم مرتبة أو أكثر. وتطبيق تلك الاستراتيجية يتطلب مناقضة الرأي السديد برأي آخر يتوازى معه، من خلال قائد فاسد. وهذا الرأي الآخر قد لا يكون متاحا ومهيأ في نفس المرتبة في وقت الحاجة إليه، وبناء على هذه الظروف يتم استقطاب هذا القائد بمعايير قانونية، لكنها غير مقبولة في قاموس الأعراف والأخلاق العامة، نظرا لقصور التشريع.

* * *

٤

– المحور الرابع –

نقطة التحول

الكويت، ٣٠ أغسطس ٢٠١٨

موجز المحور

وفقا للقصور التشريعي الذي يعاني منه دستور بلادنا، فإن ارتفاع مرتبة الفرد في الهرم الإداري يعني شيئا واحدا لا حياد عنه، ألا وهو توسع دائرته في النفوذ والسلطة، التي تحتم من تزايد نفوذ ذوي الرتبة الأدنى منه على نحو لا يخدم المصلحة العامة بل على العكس، يضر بها، ليتحمل الوطن تكلفة تخاذلهم على عاتقه نتيجة ممارساتهم التجاوزية التي تعدت حدود الأعراف العامة بتشويهها للمبادئ الصحيحة، وطمسها لهوية العدالة وملامح المساواة[٧][٨]. ولكن، أما وجب الالتفات إلى نقاط القوة في ثقافة تمتد متأصلة في جذور المجتمع منذ أن ابتدأ مشوار الدولة الريعية؟ إن ما يجب أخذه في الحسبان هو أن نقطة القوة الأساسية لدى المواطن الكويتي تتمثل في قدرته على تكريس جهوده لاستغلال كل ما يدور حوله من معطيات وسياسات تكفل تحقيق فائدته الذاتية، في شتى المجالات ومختلف الأصعدة. ويكمن التحدي الحقيقي في توحيد تلك الجهود المتفرقة من أجل تحقيق الاستدامة المرجوة للدولة ككتلة واحدة.

* * *

إن الثغرات التي نلمسها في بعض التشريعات في دستور بلادنا، والممارسات التجاوزية التي تعدت حدود الأعراف العامة تجعل من ارتفاع مرتبة الفرد في الهرم الإداري مؤشرا على أمر لا شبهة فيه، وهو توسع دائرة نفوذه وسلطته، ويترتب على ذلك توسع نفوذ من هم أدنى منه في هذا الهرم. وقد سبقت الإشارة إلى ذلك، وإن كنا نؤكد هنا عمق الضرر الذي تلحقه هذه الممارسات في المصلحة العامة، وأن تكلفة هذا التخاذل والممارسات التجاوزية التي تعدت حدود الأعراف بتشويهها للمبادئ الصحيحة وطمسها لهوية العدالة وملامح المساواة هي باهظة الثمن.

وإن كانت الغاية تبرر الوسيلة، فلا مبرر لتلك الممارسات ولا جدال في أصل مقصدها، كون غايتها وهدفها الأول هو تثبيت مرتبة الفرد، أو رفعها في هذا الهرم الإداري. ويعود أصل تكونها، ويمكن تفسير تصرفاتها من انعكاس تحالفات جماعية بين أفراد ذوي مراتب مختلفة تعمل ليسطع نجم أهدافها المشتركة، ساعية إلى تحقيقها بغرض رفع مستواها المعيشي، وزيادة قوة تغلغلها وتغولها في النفوذ والسلطة.

والمسوغ الذي تعلق عليه هذه الفئة منطق أفعالها وتصرفاتها في هذا الهرم الإداري – وفق آرائهم الشخصية – يعود لشراسة المنافسة والصراع في القتال سعيا للبقاء

تحت ظلال هذه المظلة التي تكفل لهم كسب الغنائم وتحقيق أكبر قدر ممكن من الفائدة الذاتية.

تلك الممارسات قادت الموقف بالتأثير بشكل سلبي في المجتمع، عاكسة صورتها البشعة على اقتصاده وسياسته وثقافته، متفاقمة كلما زاد تأثيرها السلبي نظرا لطبيعة حالها العودية. وبناء عليه، فإن السياسة الكويتية في الداخل أصبحت أقرب إلى ما يسمى بـ «شاي الضحى»؛ إذ أصبح الشغل الشاغل لكل سياسي هو تأييد أو نقد كل ما يصرح به أي سياسي آخر في الساحة، فتراه متأهبا لاتخاذ موقفه تجاه مختلف القضايا المتداولة، إما عن طريق ارتجال في برامج التواصل الاجتماعي، أو من خلال عقد مؤتمر صحفي، أو توجيه سؤال برلماني، أو استجواب لطرف حكومي.

فهل لحزاوي «شاي الضحى» أي نية أو تأثير في إحداث الإصلاح الحقيقي؟ أم أنها أداة استغلالية للارتقاء سياسيا في هذا الهرم الإداري من خلال تعاطي قضايا البسطاء في هذا الهرم والتسلق بها لنيل مبتغى راويها؟ أما بسطاء الهرم فهم ليسوا أفضل من السياسيين فيه! إذ هم أيضا يسلطون نفوذهم على بسطاء آخرين بغرض الضغط على هؤلاء السياسيين لتبني قضايا غير مستحقة، وذلك من أجل الحصول على أكبر قدر ممكن مما يتم توزيعه من ريع الصادرات النفطية الذي يصب في أعلى الهرم.[٩]

ولا بد أن ينتج عن كل تلك الأفعال ردود أفعال تشعل فتيل الإحساس بالظلم لدى كل مواطن. ومرادي بالمواطن هنا كل فرد من أفراد هذا الهرم الإداري، مهما ارتفع أو انخفض في رتبته. وفي كل مرتبة يتسلسل عدد من المنافسين، يزدادون كلما انخفضت المرتبة، تبعا لذلك يزداد معدل الشعور بالظلم بشكل طردي كلما انخفضت المرتبة. وعلى الرغم من ذلك، فحتى الأفراد الذين يشغلون المراتب العليا من الهرم ينتابهم الشعور بالظلم كذلك، هذا الشعور الذي يترجم عجزهم أمام التحديات التي تدفعهم لمزيد من العجز، وتحول بهم دون تثبيت هذا الهرم وكفالة رصانته ومتانته. ولا شك من أنهم لن يشعروا بشعور مماثل كهذا لولا تأثيره المباشر على ضعف رتبهم في ذلك الهرم.

ما كان لشعور الظلم هذا إلا أن يجعل كل فرد من أفراد هذا الهرم يقاتل وفقا لصلابته، ورباطة جأشه، وحدة مخلبه تحت ضوء إمكانياته وفرصه المتوافرة. فسيف المواطن البسيط مثلوم جراء ارتفاع معدل إيجارات الشقق السكنية في المناطق الداخلية، إذ إن طموح المواطن لا يتخطى الحلم بوظيفة حكومية لا تستدعي منه سوى أن يسجل دخوله وخروجه يوميا منها، دون إنتاجية تذكر، أو إضافة ذات قيمة، ليتفرغ بدوره لمتابعة مشروعه التجاري الخاص، وبذلك يحصل على راتب حكومي ومدخول شهري آخر. وعلى

الجانب الآخر، فإن من هو في مرتبة أعلى، ممن يملك عقارات اقتناها بأسعار عالية في وقت مضى، قد يسعى جاهدا لمنع تحرير أراض سكنية كيلا ينخفض معدل إيجارات عقاره التي قد يسكنها ذلك المواطن البسيط. وخذ ذلك كمثال عابر تقاس عليه شتى أمور الحياة في المجتمع الكويتي.

وللأسف، تأتي تكلفة وقوعنا في شباك الريعية وخيمة، فقد صيرتنا إلى أولئك المنشغلين بتناقل الأحاديث، يتصارعون على أتفه القضايا، ويعيرون أهمية لأشياء لا أهمية لها، ويتحدثون بفم ممتلئ دون عميق بحث وفهم ودراية. فهل نحن على وعي بما جنته أيدينا؟ وبما أوقعنا أنفسنا فيه؟ وهل نحن حقا مستعدون للبحث عن الحل والبدء في التغيير؟ ما أنا متيقن منه هو أن فئة ليست بقليلة لا تريد الحل حتى إن ظهر أمام عينيها؛ فلتلك البيئة مكاسب، وهي أرض خصبة لبعض الأفراد الذين يستغلونها لبناء سيرة ذاتية تحقق وصولا سياسيا. فكلما كثرت القضايا، وإن قلت أهميتها، كثرت المواقف السياسية التي تعد بطولة لكل من يمتطيها بفروسيته المزعومة، وجواده المستعار بغية تسلق ذلك الهرم، سياسيا.

كان لتلك المشاريع المتعثرة، والتي لم تكتمل في موعدها المحدد[١٠][١١]، وغيرها من قضايا، بشاعتها التي لا تحتمل، كالتقصير والتلاعب في مؤسسات الدولة[١٢][١٣][١٤]،

والتضييق على الرأي والثقافة[١٥][١٨]، وتراجع في مستوى جودة التعليم[١٦]، وتدني مستوى الخدمات الصحية[١٧]، والتلاعب في الأسواق والمناقصات[١٩][٢٠]، إشارة جلية، ووصمة نشهدها حتى يومنا هذا تعطي دلالة واضحة للعيان بأن هذا الهرم الإداري غير قادر على تحقيق نظام مستدام، لا على الصعيد الاقتصادي وحسب، وإنما على الصعيد السياسي والثقافي والاجتماعي أيضا.

وكمواطن محب يرجو ويتطلع لأن يرى بلاده تزخر بنعيم تستحقه، أفكر متسائلا، قبيل الوصول إلى مرحلة اللا عودة على جميع الأصعدة، ومن أجل تحقيق الاستدامة الاقتصادية والسياسية والاجتماعية والثقافية، أما وجب الالتفات إلى نقاط القوة في ثقافة تمتد متأصلة في جذور المجتمع منذ أن ابتدأ مشوار الدولة الريعية؟ فما يجب أخذه في الحسبان هو أن نقطة القوة الأساسية لدى المواطن الكويتي تتمثل في قدرته على تكريس جهوده لاستغلال كل ما يتمحور حوله من معطيات وسياسات تكفل تحقيق فائدته الذاتية، في شتى المجالات ومختلف الأصعدة. ويكمن التحدي الحقيقي في توحيد تلك الجهود المتفرقة من أجل تحقيق الاستدامة المرجوة للدولة ككتلة واحدة.

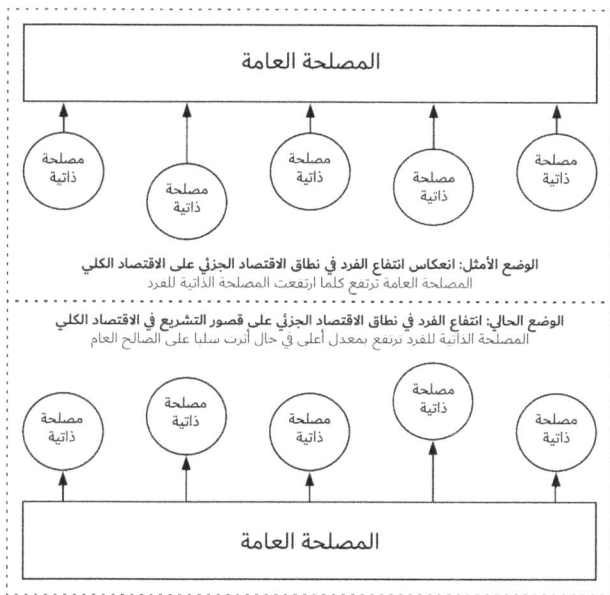

المصلحة العامة
مصلحة ذاتية
مصلحة ذاتية
مصلحة ذاتية
مصلحة ذاتية
مصلحة ذاتية
الوضع الأمثل: انعكاس انتفاع الفرد في نطاق الاقتصاد الجزئي على الاقتصاد الكلي
المصلحة العامة ترتفع كلما ارتفعت المصلحة الذاتية للفرد
الوضع الحالي: انتفاع الفرد في نطاق الاقتصاد الجزئي على قصور التشريع في الاقتصاد الكلي
المصلحة الذاتية للفرد ترتفع بمعدل أعلى في حال أثرت سلبا على الصالح العام
مصلحة ذاتية
مصلحة ذاتية
مصلحة ذاتية
مصلحة ذاتية
مصلحة ذاتية
المصلحة العامة

وفي حديثنا عن هذا كله، فإن ما يقودنا لتحقيقه هو الالتزام بالعمل وفق مقومات الاقتصاد الصحي. والاقتصاد الصحي هو ما يتحقق ازدهاره ونموه الصحيح بشكل مستدام وفقا لما يحققه أفراد المجتمع من فائدة ذاتية. ويعد هذا المفهوم معقدا بعض الشيء؛ إذ يرمز إلى وجود سياسات داخلية قادرة على استغلال سعي الفرد لتحقيق فائدته الذاتية في ظل تحقيق فائدة للاقتصاد الكلي للدولة. تلك السياسات قادرة أيضا على الحد من أي ممارسات تحقق الفائدة الذاتية لأصحابها في حال كان لها تأثير سلبي على اقتصاد الدولة الكلي.

فبعد إعلان رؤية الكويت ٢٠٣٥ «كويت جديدة»، التي بدت مفتقرة إلى أدنى مقومات الرؤى الاقتصادية المستدامة، والمتمثلة بقائمة من المشاريع العملاقة التي تم إقرارها مسبقا في ظل فساد إداري وسياسي وبيروقراطية حكومية، بأهداف لا تحقق الاستدامة الاقتصادية، نستنتج بأن القيادة – بمفهومها سالف الذكر – غير مؤهلة بشكل كاف لإدراج أو استخراج تلك السياسات التي تربط بين فائدة الفرد والاقتصاد الكلي للدولة لتحقيق تلك الاستدامة الاقتصادية المرجوة.

إن الاقتصاد المستدام هو الاقتصاد الذي يعتمد على عوائد خارجية، تدار بمنهجية منفصلة لا مركزية، ناتجة عن إنتاجية محلية، سواء كان أساسها موارد أولية محلية أو خارجية بشرط عدم استنفاد موارد الأجيال القادمة. وتلك المنهجية المنفصلة تعني أن عوائد الاقتصاد الكلي للدولة لا تصب في أعلى الهرم الإداري وحسب، بل تصب في ذلك الهرم من خلال كل طبقة منه، كما أنها في الوقت نفسه تدار بشكل منفصل.

وهنا نكون قد بلغنا نقطة الصفر، أو ما يسمى بنقطة التحول – إن صح التعبير –، التي نبدأ بها مشوار المرحلة الانتقالية؛ مشوارا أطلقنا عليه اسم رؤية شعب الكويت ٢٠٣٥ «كويت الاستدامة». هذه الرؤية تقوم باعتمادها على أعلى معايير الرؤى الاقتصادية، كما أنها مؤهلة لمواجهة كل التحديات الناجمة عن قصور التشريع فيما يطبق وفقا للدستور الكويتي، آخذة في عين

الاعتبار أهم أهداف التنمية المستدامة الموضوعة من قبل الأمم المتحدة[٢١]، ومكرسة سعيها الحثيث لتحقيق أعلى استفادة للاقتصاد الكويتي ككتلة واحدة، ولكل فرد من أفراد مجتمعه.

فعلى بركة الله نضع رؤيتنا..

* * *

٥

– المحور الخامس –

الرؤية

الكويت، ٦ سبتمبر ٢٠١٨

موجز المحور

إننا، ومن خلال رؤية «كويت الاستدامة»، نتصور الاقتصاد الكويتي اقتصادا مستداما، يعتمد على عوائد خارجية تدار إدارة لا مركزية، بحيث تصب عوائده في جميع زوايا طبقات ذلك الهرم الإداري، بمنهجية متوزعة، وليس في أعلى الهرم الإداري وحسب، إذ إنها ناتجة عن إنتاج محلي أساسه موارد أولية، سواء كانت محلية أو خارجية، بمراعاة عدم استنفاد موارد الأجيال القادمة.

تتمحور رؤيتنا حول ثلاث رؤى فرعية، تكمل بعضها بعضا، ولكل منها أهدافها الخاصة التي تصب بشكل عودي في أهداف الرؤى الفرعية الأخرى:

— اقتصاد مستدام: رؤية تتطلع لأن تشكل الإيرادات غير النفطية ٧٥٪ من إجمالي إيرادات الدولة، ولأن تصبح دولة الكويت مركزا تجاريا وماليا.

— مجتمع مرفه: رؤية تتطلع لنقلة إيجابية فيما يتعلق بالمستوى المعيشي للمواطن والمقيم، وبمعدل الشعور بالانتماء.

– ثقافة رفيعة: رؤية تتطلع لأن تكون دولة الكويت مركزا علميا وثقافيا يستقطب العقول صاحبة الفكر والرأي السديد والنقد الأمثل في شتى المجالات.

* * *

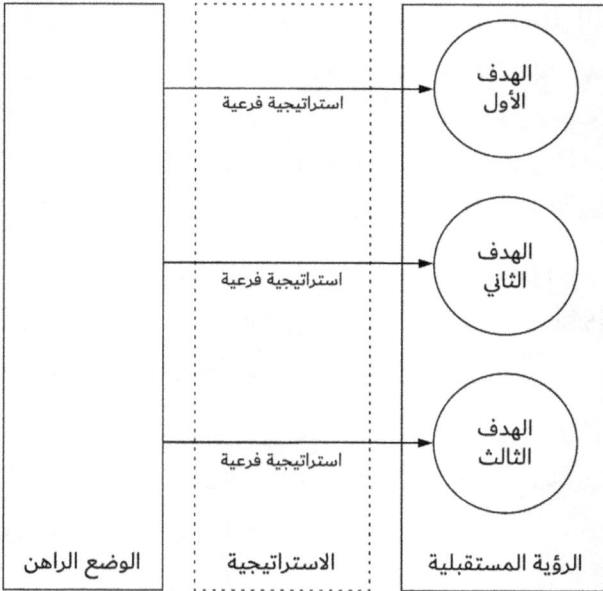

| الرؤية المستقبلية | الاستراتيجية | الوضع الراهن |

يعود مفهوم «الرؤية» في مجال البحث والتطوير إلى التصور المستقبلي الذي يرسم غدا واعدا، بحال أفضل من الحال الراهنة في وقتنا الحاضر؛ حال لا يمكن رؤيتها على أرض الواقع ولا يمكن أن تتجسد حقيقة إلا إذا تحققت أهداف محددة، يشكل

مجملها حالما تتحقق واحدة تلو الأخرى رسمة تكاملية تعكس صورة الحال المراد الوصول إليها، تماما كقطع التركيبة المصورة أو ما يسمى بالـ «puzzle» التي لا تكتمل الصورة فيها إلا بتوافر كامل القطع في مكانها الصحيح. وللرؤية بشكل مجمل آلية عمل شاملة – استراتيجية – تكفل تحققها، كما ينفرد تنفيذ كل باب من هذه الاستراتيجية بآلية عمل منفصلة، تعمل بشكل متزامن، ويسعى كل منها لتحقيق حزمة من الأهداف التي يعكس تحقيقها إجمالا هدفا رئيسيا يقوّم عماد الرؤية الواعدة.

إن الرؤية تبين، وبشكل واضح للعيان، الفرق بين حالنا اليوم، ولنرمز له بالنقطة «س»، وحالنا في نقطة زمنية مستقبلية متمثل بالنقطة «ص»، بين هاتين النقطتين فجوة تسمى "الفجوة الزمنية" بالمرحلة الانتقالية، وهي التي تبدأ بالوقت الذي يتم فيه اتخاذ أول قرار ضمن قرارات آليات العمل الساعية لتحقيق أهداف الرؤية، وتنتهي في الوقت الذي تتحقق به جميع الأهداف، واصلة بذلك إلى التحقيق الشامل للرؤية التي تم تصورها عند البداية. أما "الفجوة الوضعية "بين هاتين النقطتين فتعني فرق الحالة عند أول قرار في آليات العمل تلك، وتأثير آخر قرار بها. وكلما طالت الفجوة الزمنية انخفض معدل شدة الصدمات المتتالية الناتجة عن آليات العمل، بعلاقة عكسية بين حجم الفجوة وشدة الصدمات، والعكس بالعكس. أما فيما يتعلق بالفجوة الوضعية، فالعلاقة فيها طردية؛ إذ كلما كبرت

الفجوة الوضعية ارتفع معدل شدة الصدمات المتتالية الناتجة عن تلك الآليات، والعكس بالعكس.

الفجوة الوضعية

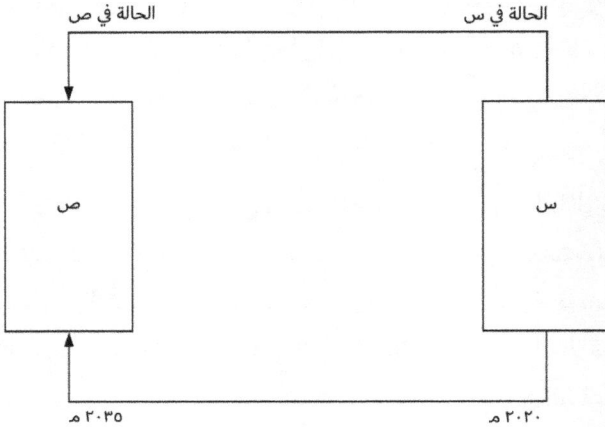

الفجوة الزمنية

وفيما يتصل بالرؤى المتعلقة في تنمية الدول، على شتى أصعدتها، فعند اعتبار مقاييس هاتين الفجوتين – الزمنية والوضعية – بين «س» و«ص»، فإن المقياس الزمني لـ «س» هو السنة التي يتم بها البدء بالآليات، والمقياس الخاص بـ «ص» هو السنة التي تتحقق فيها أهداف تلك الآليات. أما المقياس الوضعي لـ «س» فهو حال الدولة في السنة التي يتم بها بدء

العمل بالآليات، ومقياس «ص» هو حال الدولة في السنة التي تتحقق فيها أهداف تلك الآليات. ومما ينبغي الإشارة إليه أن مقياس «ص» في الفجوة الوضعية يجب أن يكون أعلى من «س» ومساويا أو أعلى من متوسط حال بقية الدول الأخرى ذات الإمكانيات المضاهية.

١-٥: رؤية «كويت الاستدامة»

إن رؤيتنا تتمحور حول ثلاث رؤى فرعية، تكمل بعضها بعضا، ولكل منها أهدافها الخاصة التي تصب بشكل عودي على أهداف الرؤى الفرعية الأخرى. رؤية بفجوة زمنية تبدأ اليوم وتنتهي في عام ٢٠٣٥. وبفجوة وضعية تنقلنا من حالنا اليوم إلى حال دول ذات اقتصادات مستدامة، ومجتمعات مرفهة، وثقافات رفيعة.

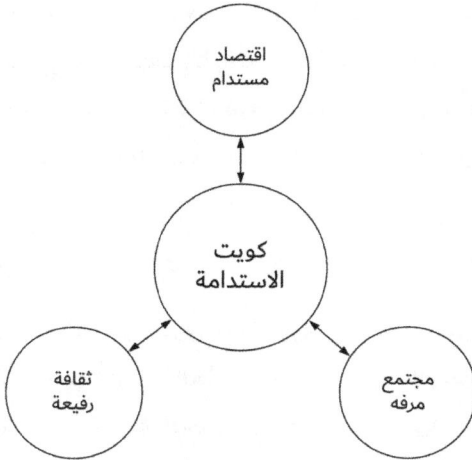

٥-١-١: الرؤية الفرعية الأولى - اقتصاد مستدام

إننا، من خلال «كويت الاستدامة»، نتصور الاقتصاد الكويتي اقتصادا مستداما، يعتمد على عوائد خارجية تدار إدارة لا مركزية، بحيث تصب عوائده في جميع زوايا طبقات ذلك الهرم الإداري، بمنهجية متوزعة، وليس في أعلى الهرم الإداري وحسب، حيث إنها ناتجة عن إنتاج محلي أساسه موارد أولية سواء كانت محلية أو خارجية، بمراعاة عدم استنفاد موارد الأجيال القادمة.

فلهذه الرؤية الفرعية أهداف أساسية، تندرج تحت كل منها أهداف فرعية، يتم التطرق لها ولاستراتيجيات تحقيقها تفصيلا وإسهابا في المحاور اللاحقة، ويصنع

تحقيقها – تكامليا – هذه الرؤية الفرعية. وبشكل موجز، فإن الأهداف الأساسية لهذه الرؤية الفرعية هي:

–إيرادات صادرات نفطية لا تتعدى ما نسبته ٢٥٪ من إجمالي إيرادات الدولة: إن إيرادات الصادرات النفطية هي مصدر دخل بيعي لمورد طبيعي قابل للنضوب. واستنفاده من أجل سد تكاليف استهلاكية محلية يتعارض بالكلية مع مبدأ الاستدامة الاقتصادية. ولتحقيق التنمية المستدامة فإنه من الواجب أولا أن نضع بالاعتبار حق الأجيال القادمة فيما يتم جنيه من هذا الريع. فعلى الرغم من حصول صندوق الأجيال القادمة – في وضعنا الحالي – على ١٠٪ من إجمالي الإيرادات، إلا أن الإيرادات النفطية تشكل ما هو أعلى أو أدنى بقليل من ٩٠٪ من إجمالي الإيرادات. أي أن حق الأجيال القادمة هو بقرابة ٩٪ مما يتم استخراجه سنويا من باطن الأرض، وهذا أمر غير منصف كليا. وانخفاض إيرادات الصادرات النفطية إلى ٢٥٪ من إجمالي الإيرادات لا يعني بالضرورة انخفاض إجمالي الإيرادات بشكل عودي، إنما هو تصور بأن هناك قنوات دخل غير نفطية قادرة على تشكيل ٧٥٪ من إجمالي إيرادات الدولة، قنوات ناتجة عن حلول اقتصادية متينة وحديثة. بذلك، فإن ثانيا هو أن يكون الاقتصاد الكويتي مدارا بمنهجية منفصلة لا مركزية نتيجة لاختلاف قنوات الدخل وتشكيلها بالنسبة للجزء الأكبر من إجمالي الإيرادات. وعليه، فإن مصدر دخل الغالبية العظمى

من أفراد هذا المجتمع لا تكون قائمة بشكل شبه كلي على إجمالي الإيرادات النفطية التي تشكل ٢٥٪ من إجمالي إيرادات الدولة. وتبعا لذلك فإنه – ثالثا – يبدو من المنطقي حصول ارتفاع في الصادرات الناتجة عن الكفاءة الإنتاجية والمحققة لتلك الـ ٧٥٪ من إجمالي الإيرادات الحكومية، وهو ما يعطي دلالة على أن الموارد الأولية في تلك الإنتاجية غير قابلة للنضوب؛ إذ إنها ناتجة عن عقل مدبر وإبداع فكري ومنهجية بحث وتطوير. وبذلك لا يكون هناك أي أثر سلبي يستحق الذكر على موارد الأجيال القادمة.

–بيئة مال وأعمال مرنة ومنتجة، بجاذبية استثمار عالية: بحيث تكون مخرجات كفاءتها العالية هي ما تحفز الإيرادات غير النفطية لخزينة الدولة، التي تشكل ٧٥٪ من إجمالي الإيرادات؛ كالرسوم السنوية، وضريبة الاستيراد والتصدير، وضريبة الدخل والقيمة المضافة. أضف إلى ذلك دورها المحوري والمتمثل في خلق فرص وظيفية تشكل في وقتنا الراهن قضية شائكة، كما تمثل إحدى المسؤوليات الضرورية التي تثقل عاتق الدولة. فهذا الهدف يجعلنا نتصور بأن الكويت أقرب لأن تكون مركزا تجاريا عالميا، يحتضن نخبة شركات الإنتاج العالمي الكبرى، وتتنافس به

أضخم شركات الخدمات اللوجستية لربط القارات عالميا من خلاله.

٥-١-٢: الرؤية الفرعية الثانية – مجتمع مرفه

أما من خلال هذه الرؤية الفرعية، والمفصلة في محورها الخاص، فإننا نتصور أن الفرد في هذا المجتمع – مواطنا كان أو وافدا – قادر على الشعور بالانتماء لهذا الوطن الذي وفر له الحياة الكريمة بمقوماتها لا الأساسية وحسب، بل حتى الثانوية، رافعا مستواه المعيشي بأساليب اقتصادية حديثة. فرد تهيأت له البيئة الصحية للاستثمار والإنتاجية، بيئة تميز بين الأفراد حسب كفاءة إنتاجيتهم، جاعلة كل فرد قادرا على دفع عجلة إنجاز أهداف الرؤى الفرعية الأخرى.

٥-١-٣: الرؤية الفرعية الثالثة – ثقافة رفيعة

وأخيرا، فمن خلال هذه الرؤية الفرعية، والمفصلة في محورها الخاص، فإننا نتصور بأن تكون الكويت مركزا علميا ثقافيا، يستقطب العقول صاحبة الفكر والرأي السديد والنقد الأمثل في شتى المجالات استقطابا يتم استغلال مخرجاته موظفا إياها في البحث والتطوير والإبداع، ويسهم بدوره في تحفيز العمل الجاد بغرض تحقيق أهداف الرؤى الفرعية الأخرى.

٢٠٢٠ م
٢٠٣٥ م
الوضع الراهن
استراتيجية «صندوق جابر»
استراتيجية «الاقتصاد الثلاثي»
استراتيجية «رفاه»
استراتيجية «الاقتصاد المعرفي»
إيرادات غير نفطية
تعادل ٧٥٪ من الإيرادات
اقتصاد مستدام
مركزا تجاريا وماليا
مجتمع مرفه
ثقافة رفيعة
استراتيجية «كويت الاستدامة»
رؤية «كويت الاستدامة»

* * *

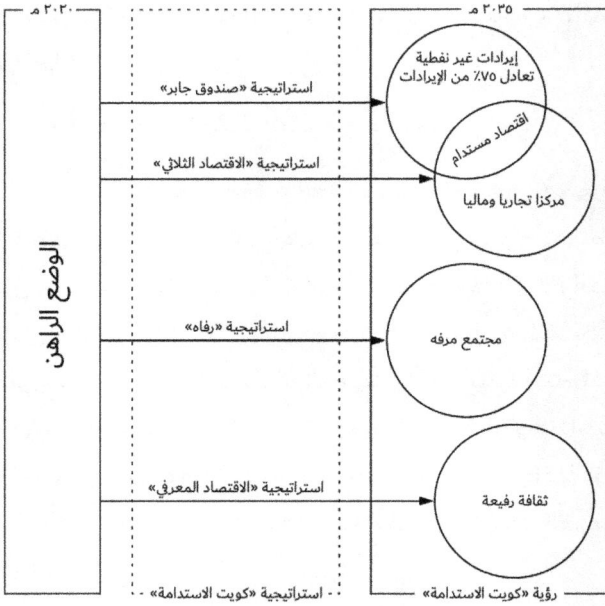

٦

– المحور السادس –

استراتيجية «صندوق جابر»

الكويت، ١٣ سبتمبر ٢٠١٨

موجز المحور

تسعى استراتيجية «صندوق جابر» إلى إصلاح السياسة الداخلية ورفع الإيرادات غير النفطية، بحيث تتمثل خصائص هذا الصندوق فيما يلي:

– يتم اعتبار «المؤشر المستهدف» – نسبة الإيرادات غير النفطية من إجمالي الإيرادات – في آلية تمويله، بما نسبته ٥٪ في السنة الأولى، ويرتفع ٥٪ في نهاية كل سنة، وذلك لمدة ١٥ عاما، ليبلغ ما نسبته ٧٥٪ في عام ٢٠٣٥. وتشكل هذه النسب ما يستهدف تحقيقه من الإيرادات غير النفطية. ففي حال شكلت نسبة الإيرادات غير النفطية ما هو أدنى من المؤشر المستهدف في السنة المالية السابقة، فيتم إضافة ناتج النسبة في موازنة السنة المالية اللاحقة – نسبة المؤشر المستهدف مطروحا منها النسبة الفعلية لإجمالي الإيرادات غير النفطية من إجمالي الإيرادات – كتمويل إضافي لـ «صندوق جابر» يتحمله بند المصروفات مخفضا إياه، شاملا ذلك بند الرواتب.

– يتم تمويله أيضا بما نسبته ٢٥٪ من إجمالي الأرباح السنوية لاقتصاد «كويت المستقبل.»

– يتم الصرف منه بقانون، بحيث يخدم مصلحة رفع نسبة إجمالي الإيرادات غير النفطية من إجمالي الإيرادات.

– يتم الصرف منه بقانون في مشاريع يصب نفعها في حدود «كويت الحاضر» و«كويت التحول» وحسب.

* * *

يقوم اقتصاد الدولة على إيرادات ناتجة من التصدير للخارج، إذ تصب في أقطاب تجارية داخلها. فالقطب الأول «١» الذي يمثل القطاع الحكومي، يدار بمنهجية مركزية بواسطة الهرم الإداري في الدولة. أما القطب الثاني «٢» متمثلا بالقطاع الخاص، فيدار بمنهجية منفصلة بواسطة أطراف مختلفة، ولكل طرف فيه قراراته المبنية وفق معطيات الاقتصاد الكلي للدولة وحالته الخاصة.

ونظرا إلى مجريات الاقتصاد الكلي ومعطيات السياسات المعمول بها في حدود الاقتصاد الكويتي، فقد تكونت لدينا ثلاثة أقطاب أخرى (فرعية) تندرج من القطب الثاني «٢» الذي يشكل القطاع الخاص، نبدأ بتفصيلها على النحو التالي: الفرع الأول «أ»، هو الأكبر حجما، وهو القطاع الخاص المعتمد على إيرادات ناتجة من استهلاك موظفي القطب الأول «١» – القطاع الحكومي –، والقطب الثاني «٢» – القطاع الخاص –. أما الفرع الثاني «ب»، وهو أقل حجما من القطب الذي يعلوه، ويشكل القطاع الخاص

القائم على إيرادات المناقصات والممارسات التي تلبي احتياجات القطب الأول «١» – القطاع الحكومي –. وأخيرا، الفرع الثالث «جـ»، وهو الأصغر حجما فيما بينهم، يختص بالقطاع الخاص الذي يعتمد على إيرادات عمليات التصدير الخارجية.

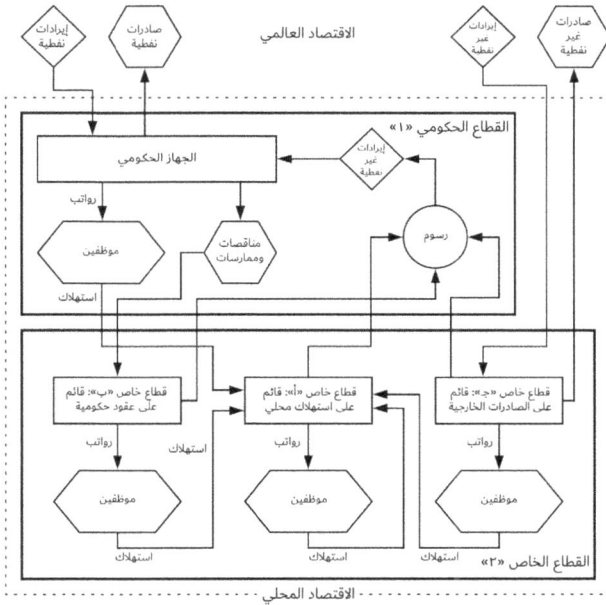

بناء على ما تقدم، فإننا نصل إلى نتيجة تشير إلى أن الاقتصاد الكويتي قائم حصرا على: أولا، إيرادات تصدير القطب الأول «١» – القطاع الحكومي –، ثانيا، إيرادات تصدير الفرع الثالث «جـ»

التابع للقطب الثاني «٢» - القطاع الخاص - وحسب. وعليهِ، فبما أن «ج» هو الفرع الأصغر في القطب الثاني «٢» - القطاع الخاص -، وأن «أ» و«ب» تعتمد إيراداتهما على كل من «١» و«٢»، فهذا إن دل على شيء فإنما يدل على أن وزن اعتماد الاقتصاد الكويتي على «١» - القطاع الحكومي - يفوق وزن اعتماده على «٢» - القطاع الخاص - بفارق شاسع وبشكل جلي. وبما أن إيرادات الصادرات النفطية للقطب الأول «١» تشكل ما نسبته أعلى أو أدنى بقليل من٩٠٪[٣] من إجمالي الإيرادات، فهذا يعطي مؤشرا آخر يدل على أن الاقتصاد الكويتي، بجميع أقطابه، شبه قائم على ريع تلك الصادرات النفطية.

ولعل التحدي يكمن هنا في قلب موازين المعادلة، وذلك من خلال نقل هذا الاقتصاد إلى اقتصاد جديد، وتغيير مفاهيمه، وإعادة تشكيل معناه. نقلة يكون بها وزن الاعتماد على «ج» أكبر من وزن الاعتماد على «١»، أي اقتصاد قائم على إيرادات تصدير القطاع الخاص - إنتاجيته -، لا اقتصاد قائم على إيرادات القطاع الحكومي الناتجة من تصدير النفط - أو أي مورد طبيعي آخر - إلى الخارج.

ولا يمكن لذلك أن يتحقق إلا في ظل وجود بيئة استثمارية ذات تربة خصبة وإنتاجية صحية، تساعد على صنع قطاع قادر على تصدير صادرات تضاهي بوزنها وزن الصادرات النفطية

الحالية. على عكس بيئتنا الحالية التي نعيش تحت سقفها، فما نطمح إليه هو خلق بيئة تدر لخزينة الدولة إيرادات غير نفطية، كإيرادات الخدمات والضرائب والرسوم الجمركية وغيرها. بذلك تكون تلك البيئة بعينها المتسبب والمساهم الأول في حل كبرى المعضلات التي تواجهها الدولة، مخفضة عبء الدولة فيما يتعلق بتوفير الفرص الوظيفية للمواطنين.

ففي الوقت الحالي، يشكل بند الرواتب الجزء الأكبر من مصروفات الدولة[٣]، التي تراكمت بسبب قصور تشريعي يلزم الحكومة بتوظيف المواطن بغض الطرف عن حاجتها لإنتاجيته. فبدلا من أن تقوم الحكومة باستخدام هذا التشريع في خلق بيئة استثمارية مجدية قادرة على خلق الفرص الوظيفية للمواطنين، انحنى مسارها مؤديا بها إلى طريق لا تحمد عقباها منتهية بمشكلة الترهل الوظيفي. ومصطلح الترهل الوظيفي هنا يعني امتلاء مؤسسات الدولة بأفراد لا يمكن توظيفهم في مهام منتجة، وبذلك يكون معدل إنتاجية الموظف متدنيا. هذا التدني قد لا يعني بالضرورة أن الموظف غير قادر على الإنتاج فعليا، بل على خلاف ذلك تماما. فرياضيا، يعد سبب التدني ناتجا عن ارتفاع عدد من تم تعيينهم في وظائف حكومية دون صلاحيات تسهم في زيادة إجمالي الإنتاج. وبما أن حساب معدل الإنتاجية يأتي من خلال توزيع إجمالي الإنتاج على إجمالي عدد الموظفين، فكلما ازداد عدد الموظفين – مع ثبات إجمالي الإنتاج – انخفض معدل الإنتاجية، والعكس بالعكس.

إيرادات صادرات نفطية لا تتعدى ٢٥٪ من إجمالي إيرادات الدولة

كون الحكومة من يقود المشهد حينما يتعلق الأمر بخطط التنمية، فإن هذا يجعلها المسؤول الأول والأخير عن تحويل الاقتصاد الكويتي إلى اقتصاد مستدام، اقتصاد قائم على إيرادات ناتجة عن صادرات القطاع الخاص إلى الخارج. وذلك يبدأ بآلية عمل تسعى لتحقيق إيرادات غير نفطية – بشكل تكاملي لا يتعارض مع الرؤى الفرعية الأخرى – بنسبة ٧٥٪ من إجمالي الإيرادات بحلول عام ٢٠٣٥.

وتستوجب التكاملية هنا مراعاة مؤشرات التنمية كلما تم اتخاذ قرار يهدف إلى رفع الإيرادات غير النفطية. فلو مثلنا، فرضا، بإقرار قانون ضريبة الدخل على الأفراد والقطاع الخاص، فإن قرارا كهذا سيسهم في رفع إجمالي الإيرادات غير النفطية. ولكنه، وفي الوقت ذاته، ستكون له تبعات سلبية في حال كان الاقتصاد قائما على ريع الصادرات النفطية ذات السقف شبه الثابت، أو غير القابلة للارتفاع، وهي ما تؤدي إلى تعارض هذا القرار مع الرؤية الفرعية «مجتمع مرفه» وأهدافها.

وعلينا ألا نغفل حقيقة أن الارتفاع في نسبة الإيرادات غير النفطية نتيجة لا أداة. فضريبة الدخل قد تكون أداة مناسبة في حال ارتفاع معدل التضخم الذي ينتج عن ارتفاع غير اعتيادي في التدفقات النقدية القادمة من الخارج إثر ارتفاع الصادرات، أو

في حال ارتفاع معدلات الظواهر الاقتصادية السلبية، كهجرة رؤوس الأموال الاستهلاكية بشكل مستمر. فإذا كانت الحكومة تسعى لأن تكون ضريبة الدخل ضمن أدواتها لرفع نسبة الإيرادات غير النفطية، فعليها – على سبيل المثال لا الحصر – أن تقوم بتحفيز صادرات القطاع الخاص أولا.

٦–١: «تمويل صندوق جابر»

بافتراض أن الفجوة الزمنية بين تحقق الرؤية في عام ٢٠٣٥ وبدء الاستراتيجية في عام ٢٠٢٠ تعادل ١٥ عاما، فإنه من الواجب أن نضع بالاعتبار الهدف الفرعي الأول وهو خفض نسبة الإيرادات النفطية من إجمالي الإيرادات بمعدل ٥٪ سنويا، أي ارتفاع نسبة الإيرادات غير النفطية بذات النسبة. وبما أن الإيرادات غير النفطية الحالية تعادل ما نسبته أعلى أو أدنى بقليل من ١٠٪[٣]، فهذا بدوره يعطي فترة زمنية – سنتان ماليتان – كفيلة بإعطاء فرصة لإصلاحات إدارية سريعة.

اعتبار الهدف الفرعي الأول يستلزم التقيد بآلية دقيقة، تبدأ من تشريع قانون ينص على إنشاء «صندوق جابر»، وهو صندوق يتحمل تكاليف المرحلة الانتقالية، أو ما يعرف بتكاليف تحقيق أهداف الرؤية. فمثلا، في نهاية السنة المالية الأولى يتم تحديد نسبة الإيرادات الفعلية، النفطية وغير النفطية. وفي حال ارتفاع نسبة الإيرادات الفعلية غير النفطية بما نسبته أعلى من أو يساوي ٥٪ من إجمالي الإيرادات في السنة الأولى، أو مثليها في

الثانية، أو ثلاثة أمثالها في الثالثة، أو أربعة أمثالها في الرابعة، إلى آخره، فلا دور لهذا الصندوق في موازنة السنة المالية اللاحقة. أما في حال عدم تحقق هذا الارتفاع، أو في حال وجوده بنسبة أقل من ٥٪ في السنة الأولى، أو مثليها في الثانية، أو ثلاثة أمثالها في الثالثة، أو أربعة أمثالها في الرابعة، إلى آخره، ففي موازنة السنة اللاحقة يضاف سجل «تمويل صندوق جابر» إلى بند المصروفات بنفس المنهجية المذكورة أعلاه بقيمة ٥٪ من إجمالي الإيرادات الفعلية مطروحا منها نسبة الارتفاع الفعلي.

وتفصيل ذلك فيما يلي؛ لو فرضنا أن نسبة الإيرادات غير النفطية من إجمالي الإيرادات تعادل ما نسبته ٢٪ من ميزانية السنة الأولى، فإنه – في موازنة السنة الثانية – يتم إضافة سجل «تمويل صندوق جابر» تحت بند المصروفات بقيمة ٣٪ (٢٪ مطروحة من ٥٪) من إجمالي إيرادات السنة المالية السابقة. أما في حال كون نسبة الإيرادات غير النفطية من إجمالي الإيرادات تعادل ما نسبته ٥٪ من ميزانية السنة الأولى، فإنه، في موازنة السنة الثانية، يكون «تمويل صندوق جابر» بقيمة ٠٪ (٥٪ مطروحة من ٥٪) من إجمالي إيرادات السنة المالية السابقة؛ أي لا دور للصندوق في مصروفات موازنة السنة المالية اللاحقة، وهكذا.

وتمثل نسبة ٥٪ «المؤشر المستهدف» الذي يتم البدء به للإيرادات غير النفطية من إجمالي الإيرادات في ميزانية السنة

الأولى، ثم ١٠٪ في ميزانية السنة الثانية، و١٥٪ في ميزانية السنة الثالثة، و٢٠٪ في ميزانية السنة الرابعة، وهكذا إلى أن يستقر عند ٧٥٪ في نهاية السنة المالية ٢٠٣٥. وعلى سبيل المثال، فإنه في حال كانت نسبة الإيرادات غير النفطية من إجمالي الإيرادات في ميزانية السنة الخامسة يعادل ما نسبته ٢٤٪، ففي موازنة السنة السادسة، يتم إضافة سجل «تمويل صندوق جابر» تحت بند المصروفات بقيمة ما نسبته ١٪ (٢٤٪ مطروحة من ٢٥٪) من إجمالي إيرادات السنة السابقة. أما في حال كانت نسبة الإيرادات غير النفطية من إجمالي الإيرادات تعادل ٣٠٪، فعليه، لا يتم إضافة سجل «تمويل صندوق جابر» تحت بند المصروفات في موازنة السنة السادسة، بل يكون الفائض مبوبا تحت بند المصروفات على شكل استثمار آخر.

٦-١-١: آلية تمويل الصندوق

وتأتي سياسة تمويل الصندوق مغايرة بشكل تام لآلية تمويل صندوق الأجيال القادمة، فبدلا من إضافته كحساب مصروفات آخر بحيث يشكل عبئا على الميزانية، فإن تمويل صندوق جابر قائم على خفض كل ما يدرج تحت بند المصروفات بنسب متطابقة. ونعني بذلك – في الموازنة – في حال كانت قيمة سجل «تمويل صندوق جابر» تحت بند المصروفات تعادل ٧٠٠ مليون دينار كويتي، وكان إجمالي المصروفات ١٩,٩ مليار دينار كويتي قبل اعتبار سجل «تمويل

صندوق جابر»، فإن هذا السجل يتم تمويله من خلال خفض
جميع المصروفات، كل على حدة، بما هو نسبته ٣٫٥٪ بالضبط.
وفيما يتعلق بالرواتب، فيكون معدل الانخفاض فيها ناتجا من
«ضريبة تمويل صندوق جابر» التي تعادل النسبة نفسها من
إجمالي دخل الموظف سنويا.

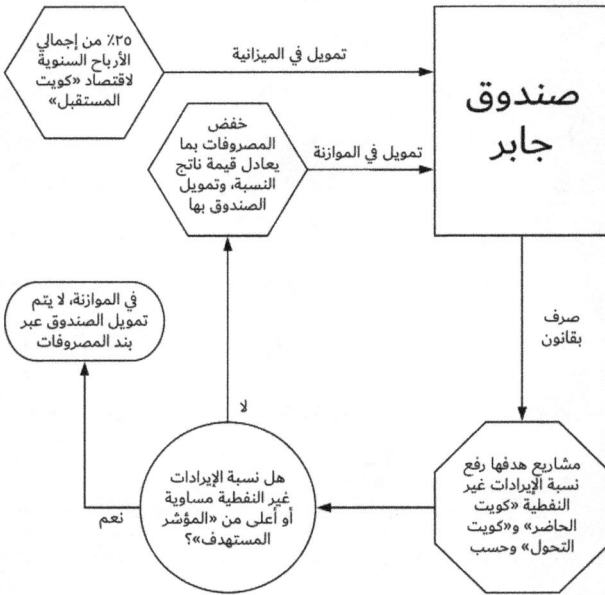

ومن هذا المنطلق نستشف أن هذه الآلية ستنعكس
مؤثرة في الهرم الإداري -سالف الشرح - نتيجة لانخفاض
الرواتب، وظهور سياسات تقشفية تجاه المبادرات

والممارسات والمناقصات. ولعل التبعات السلبية التي سيشهدها الهرم الإداري، بجميع طبقاته، هو ما سيهدد استقراره إن لم يستطع إيصال نخبة سياسية من خلال مؤسسات الدولة ومجلس الأمة، بحيث تكون هذه النخبة كالسد المنيع واليد الواحدة، قادرة على تحقيق التعاون المباشر، والعمل بشكل مهني مع بعضها بعضا من أجل تحقيق الهدف الأساسي؛ أي مطابقة نسبة الإيرادات غير النفطية بذلك «المؤشر المستهدف» والمتزايد كل سنة. إذ يكون من دورهم – أي تلك النخبة – إيجاد الحلول الاقتصادية الحقيقية والمجدية، والقادرة على تحقيق الهدف، إثر مطالبات جاءت نتيجة تبعات أثرت في المستوى المعيشي لمن هم في داخل هذا الهرم الإداري. وبذلك، يحق القول بكوننا قد ضربنا عصفورين بحجر واحد بتحقيق الهدف الفرعي الثاني، وهو الإصلاح السياسي التدريجي. حينها، وحينها فقط، تكون تلك الاستراتيجية هي حجر الأساس لاستراتيجيات أخرى تسعى لتحقيق أهداف ترسم الرؤية الموعودة.

إضافة إلى ذلك، وبشكل لا يتعارض مع آلية التمويل السالف ذكرها، يتم تمويل «صندوق جابر» سنويا بما نسبته ٢٥٪ من أرباح «كويت المستقبل»، وهي محافظة اقتصادية يتم التطرق إليها بالتفصيل في المحاور القادمة.

٦-١-٢: تطلعات الصندوق

يتطلع الصندوق – بحلول عام ٢٠٣٥ – لأن يكون الاقتصاد الكويتي كالمرآة العاكسة؛ أي أن يكون اقتصادا قائما على حالة ناتجة عن أفضل أو أسوأ الممارسات، أو ما بينهما، تجاه آلية استخدام الصندوق في تحقيق الأهداف المرجوة. وبذلك، ففي أفضل الأحوال الناتجة عن ممارسات فاعلة ذات جدوى مدروسة، فإن الاقتصاد الكويتي سيعتمد، بحد أدنى، على إيرادات تعادل ضعفي الإيرادات النفطية، أي أربعة أمثالها. إذ تشكل الإيرادات غير النفطية، بحد أدنى، ما نسبته ٧٥٪ من إجمالي الإيرادات. أما الإيرادات النفطية، وبحد أعلى، فتشكل ما نسبته ٢٥٪ من إجماليها. أما في أسوأ الحالات، الناتجة عن انعدام الحكمة وعميق البحث أو التخبط في قرارات إدارة الصندوق، سواء كان اقتصاديا أو سياسيا أو كليهما، فإن الإيرادات النفطية ستشكل بحد أدنى ٩٠٪، وبحد أعلى ١٠٠٪ من إجمالي الإيرادات. وبناء على ذلك، فإن إجمالي المصروفات يشكل ٢٥٪ من إجمالي الإيرادات، الذي به تكون «ضريبة تمويل صندوق جابر» – على المواطن والمقيم – تعادل ما نسبته ٧٥٪ من إجمالي دخلهما السنوي.

٦-١-٣: مهام الصندوق

يعود الهدف الأساسي من وراء إنشاء «صندوق جابر» إلى إدارة وسد تكاليف استراتيجيات تحقيق الرؤية المتعلقة باقتصاديات كل من «كويت التحول» و«كويت الحاضر» فقط،

وهما محافظتان اقتصاديتان سيتم التطرق إليهما في المحاور اللاحقة، على أن يكون استخدامه محددا بقانون، ولمشاريع – أو أغراض – تسهم بشكل مباشر وصريح في تحسين أداء تلك الاستراتيجيات بشكل متكامل.

ومثال ذلك، استخدام الصندوق لبناء مدينة صناعية ذات جدوى فعلية، من خلال التصدير، قادرة على جذب المستهلك الخارجي، بحيث يشكل بدوره ما نسبته ٧٥٪ أو أكثر من شريحتها المستهدفة. أو يستخدم لإنشاء مدينة سياحية بجدوى واضحة تقوم على إيرادات يشكل مجملها – أي ٧٥٪ أو أكثر – أموالا أجنبية. وليكون المقياس المؤثر على اتخاذ القرار أكثر دقة، يمكننا تمثيل مؤشر إجمالي الناتج المحلي في معادلة رياضية يتم حسابها على النحو التالي:

ص = س + جـ + د + (هـ - و)

ص: إجمالي الناتج المحلي

س: الاستهلاك المحلي

جـ: الاستثمارات المحلية

د: المصروفات الحكومية

هـ: إجمالي الصادرات

و: إجمالي الواردات

توضح المعادلة السابقة أن ارتفاع مؤشر إجمالي الناتج المحلي ينتج إما عن الارتفاع في معدل الاستهلاك المحلي، أو الاستثمارات المحلية، أو المصروفات الحكومية، أو إجمالي الصادرات. أما الارتفاع في إجمالي الواردات فهو ما يسبب انخفاضا في هذا المؤشر. والعكس بالعكس فيما يتعلق بمعطيات المعادلة. ولكن التساؤل الجدير بالطرح هنا هو: هل من المنطقي استخدام «صندوق جابر» لغرض رفع هذا المؤشر عن طريق رفع الاستهلاك المحلي، بواسطة زيادة الرواتب أو المنح، أو زيادة المصروفات الحكومية، بزيادة الممارسات والمناقصات فقط؟ بالطبع لا، فوفق العقل والمنطق الاقتصادي يجب أن يكون الارتفاع في كل من الاستهلاك المحلي أو المصروفات الحكومية أو في كليهما نتيجة لارتفاع الاستثمارات المحلية أو إجمالي الصادرات، أو نتيجة لانخفاض إجمالي الواردات الاستهلاكية، أو جميع ما سبق. والسبب في اتخاذ هذه المنهجية ذات المنطق الصحيح هو احتكامها لمبدأ الاستدامة الاقتصادية فيما يتعلق بآليات رفع إجمالي الناتج المحلي. فرفع الاستهلاك المحلي والمصروفات الحكومية دون تزامن في ارتفاع ناتج الصادرات – أي إجمالي الواردات مطروحا من إجمالي الصادرات – أو الاستثمارات المحلية لا تعد خطوة ذات منهجية مستدامة اقتصاديا، إذ يعد كل من ناتج الصادرات والاستثمارات الممول الأول والأخير للاقتصاد ككتلة واحدة، كما تم توضيحه سالفا.

لذلك، يستوجب على القانون اشتراط نوعية المشاريع التي يمولها الصندوق على أن يكون لها دور أساسي ومجد في رفع معدل الاستثمار المحلي، أو رفع معدل إجمالي الصادرات، أو خفض معدل إجمالي الواردات أو رفعه بمعدل أدنى من معدل الارتفاع في إجمالي الصادرات، أو جميع ما سبق.

إن مفهوم الاستدامة الاقتصادية قائم على أصل العلاقة الوطيدة بين الصادرات والواردات، بمبدأ يسهم في جذب الواردات، بحيث يصيرها إلى مواد أولية لما يتم تصنيعه محليا في عمليات الإنتاج، ومن ثم يتم تصدير مخرجات هذا الإنتاج إلى الخارج. ومما يجب وضعه في الحسبان كذلك أن على ذلك المبدأ عبء المساهمة في خفض معدل ما يتم تصديره إلى الخارج من مواد أولية طبيعية تم استخراجها محليا – كالنفط –. لذلك، ولكي تحقق آليات رفع معدل إجمالي الصادرات جدواها، فإن الأمر يتطلب رفع معدل إجمالي الواردات التي تحتوي على مواد أولية لما سيتم تصديره إلى الخارج. وبعيدا عن سياسة ومنهجية الصادرات، تأتي الواردات مستوجبة التعامل العكسي تماما، إذ يعد ارتفاع الواردات ذا أثر سلبي في إجمالي الناتج المحلي، مما يحتم علينا مراعاة العلاقة بينهما، عن طريق اعتبار معدل ارتفاع كل منهما، على أن يكون معدل الارتفاع في إجمالي الصادرات أعلى من معدل الارتفاع في إجمالي الواردات – باعتبار ارتفاع معدل الصادرات أُسّيا –، وذلك قبل الشروع في تمويل أي مشروع من قبل صندوق الاستدامة.

أما إذا كان التمويل لمشروع هدفه تخفيض معدل الواردات فقط فعلى تلك الواردات أن تكون واردات خاضعة للاستهلاك المحلي المباشر – كالسلع الكمالية –، أو واردات لمواد أولية لمنتجات تستهلك محليا – كالألواح الكهربائية –، لا واردات لمواد أولية لمنتجات يعاد تصديرها إلى الخارج. بذلك، تكون وجهة الصندوق نحو تلك المشاريع التي تستبدل المنتجات النهائية – المستهلكة محليا – أو موادها الأولية من منتجات ومواد مستوردة إلى أخرى مصنعة محليا.

وما يجب أخذه في عين الاعتبار هو أن نكون قادرين على تمييز الفروقات بين تحقيق الربح المجدي وصنع البيئة الصحية المحققة للتأثير الإيجابي على المؤشرات المذكورة أعلاه. فالربح المجدي – نظريا – لا يعد من ضمن مهام «صندوق جابر»، بل يتبع مهام «الهيئة العامة للاستثمار». أما تطبيقيا، ووفق المنطق الرياضي والاقتصادي، فلا يمكن لحجم الصندوق أن يكفل تحقيق الربح السنوي الذي يمكن أن يضاهي الارتفاع المستهدف في نسبة الإيرادات غير النفطية. ولكن، في الوقت ذاته، يمكن لصندوق بحجم «صندوق جابر» أن يخلق تلك البيئة الصحية الملائمة للإنتاج والاستثمار، والقادرة على جذب رؤوس الأموال المحلية والأجنبية، صانعة بمركزها الرائد مركزا تجاريا عالميا، محققا للأهداف المرجوة، خاصة فيما يتعلق برفع نسبة الإيرادات غير النفطية.

٦-١-٤: حقوق الأجيال القادمة

إنّ ما يتضح يدفع بي إلى القول إنه من غير المنصف أن تكون نسبة ١٠٪ من إجمالي الإيرادات السنوية هي الحق الوحيد الذي نحفظه للأجيال القادمة، وبالأخص عندما تكون الإيرادات النفطية تشكل ما هو أعلى أو أدنى بقليل من ٩٠٪ من إجمالي الإيرادات.[٣] لذلك، فإن تطلعات هذا الصندوق تحرص على أن يكون - بأفضل الأحوال - إرث الأجيال القادمة اقتصادا متينا، ذا إيرادات تعادل ضعفي الإيرادات النفطية. أو - بأسوأ الأحول - يكون إرثها اقتصادا بمخزون احتياطي يزداد سنويا في «صندوق جابر» بما نسبته ٧٥٪ من إجمالي الإيرادات. أما فيما يتعلق بـ «صندوق الأجيال القادمة»، ففي حال كانت نسبة تمويل «صندوق جابر» تشكل ٧٥٪ من إجمالي الإيرادات، فيمكن تحديد آليات أخرى مناسبة لخفض نسبة تمويل «صندوق الأجيال القادمة»، على أن يخصص ما نسبته ٢٥٪ من إجمالي الإيرادات تحت تصرف بند المصروفات بشكل كامل دون استقطاعات أخرى.

* * *

٧

– المحور السابع –

استراتيجية «الاقتصاد الثلاثي»

الكويت، ٢٠ سبتمبر ٢٠١٨

موجز المحور

استراتيجية «الاقتصاد الثلاثي»، التي تهدف إلى تحويل الكويت إلى مركز تجاري ومالي، هي استراتيجية قائمة على تقسيم الاقتصاد الكويتي إلى ثلاثة اقتصادات، وذلك بهدف الحد من شدة الصدمات الاقتصادية المتوقع أن تؤثر سلبا في اقتصاد الكويت جراء العمل باستراتيجيات تحقيق أهداف الرؤية، وذلك نتيجة لتوسع الفجوة الوضعية بين حال الاقتصاد اليوم وتصوره في رؤية ٢٠٣٥. وتتوضح فيما يلي:

(١) اقتصاد «كويت المستقبل»: وهو اقتصاد لمحافظة تجارية وصناعية وسياحية، معزولة جغرافيا وإداريا، تنشأ بمقومات الاستثمار الحكومي بواسطة «الصندوق الاحتياطي العام»، وتدار من قبل هيئة حكومية مستقلة تحت مظلة مجلس الوزراء، بتفويض يجعلها قادرة على تشكيل الوزارات الخاصة بالمحافظة، وتشريع القوانين، وإعداد اللوائح الداخلية، وإعداد الاستراتيجيات وتطبيقها فيما يخدم المصلحة العامة لتحقيق هدف تلك المحافظة، وهو تحقيق الجدوى الاقتصادية ورفع الصادرات غير النفطية لها. على أن يعاد استثمار ٧٥٪ من أرباحها – أي المحافظة – في اقتصادها، ويتم إيداع ٢٥٪ من تلك الأرباح في «صندوق جابر».

(٢) اقتصاد «كويت التحول»: وهو اقتصاد لمحافظة ذات طابع تجاري وصناعي، تقع خارج النطاق العمراني، وتتكفل بإنشائها جهات الاستثمار الحكومي من «الصندوق الاحتياطي العام» و«صندوق جابر»، أو حسب ما تراه وزارة المالية مناسبا. تتشكل إدارتها بواسطة هيئة حكومية مستقلة تعطي توصياتها لوزارات الدولة ذات الصلة بآليات تحقيق هدف هذه المحافظة، المتمثل في استقطاب المشاريع القائمة في «كويت الحاضر» ذات القدرة على الإنتاج والتصدير للأسواق العالمية.

(٣) اقتصاد «كويت الحاضر»: وهو اقتصاد الكويت الحالي، الذي تتشكل حدوده الجغرافية خارج نطاق الاقتصادين السابقين. تتم إدارته بواسطة السلطة التنفيذية للدولة، متمثلة بمجلس الوزراء. وبكونه اقتصادا قائما فإن آلية العمل الواجب اتباعها حياله تكمن في إصلاح التوجهات الاقتصادية والسياسية الخاصة به من خلال النظر إلى توصيات كل من هيئتي «كويت التحول» و«كويت المستقبل»، بتكلفة إصلاحية يتحملها «الصندوق الاحتياطي العام» و«صندوق جابر»، أو حسب ما تراه وزارة المالية مناسبا.

يتم تلاحم تلك الاقتصادات في عام ٢٠٣٥، بتطابق القوانين والتشريعات والوجهات الاقتصادية، ليشكلوا معا اقتصادا متينا، قادرا على تحقيق الرؤية الموعودة.

* * *

وفيما يتعلق بسهولة ممارسة الأعمال ومرونة إجراءاتها فإن دولة الكويت، ولا فخر في ذلك، تشغل المرتبة الأخيرة بين شقيقاتها من دول مجلس التعاون الخليجي، والمرتبة ٩٦ عالميا.[٢٢] وهذا بالطبع لا علاقة له بمدى متانة الصادرات غير النفطية، أو مدى انفتاح السوق، إنما هو مؤشر يأخذ في عين الاعتبار مدى سلاسة الإجراءات التي يتعامل معها كل من قرر وعزم على بدء نشاطه التجاري من إصدار تراخيص البناء، والحصول على الكهرباء، وتسجيل الممتلكات، والحصول على الائتمان، وما يكفل له من حماية حقه كمستثمر، ودفع الضرائب، والتبادل التجاري عبر الحدود، وتنفيذ العقود، وما يتعلق بتنظيم عمليات الإفلاس.

ونظرا إلى أن الهدف الأساسي يتمثل في رفع الإيرادات غير النفطية لتشكل ٧٥٪ من إجمالي الإيرادات، فإن الهدف الفرعي والمتعلق ببيئة المال والأعمال هو تحفيز صادرات القطاع الخاص. يتحقق رفع تلك الصادرات بتأمين قطاع خاص يحتضنها، بحيث يكون مؤهلا للإنتاج التنافسي طبقا للمواصفات العالمية. فمتى ما توفر ذلك فإنه حينها يمكن تفعيل أدوات رفع الإيرادات غير النفطية على القطاع الخاص دون التسبب بأي تأثير سلبي يذكر في أدائه أو جاذبية السوق الكويتي بشكل عام.

ولو أننا أمعنا النظر في الصورة التي تعكس حال القطاع الخاص في الوضع الراهن؛ القطاع الذي ترعرع خلال الستين عاما الماضية في شباك اقتصاد ريعي، لا شك من أن فكرة البدء في تغييره وحدها تعد أمرا فائق الصعوبة، فتغيير كامل ثقافته وأنظمة عمله التي تكفل تكيفه مع الاقتصاد المستدام، لتحقيق النتائج المطلوبة في ظرف خمسة عشر عاما يعد أمرا حاسما. فعلى سبيل المثال لا الحصر، نجد أنه في مؤشر قياس مدى سهولة ممارسة الأعمال – النشاط التجاري – لكي تتصدر دولة الكويت المرتبة الأولى خليجيا فعلى ترتيبها أن يكون أدنى من ٢٢ عالميا، الذي هو الآن المرتبة التي تشغلها دولة الإمارات العربية المتحدة.[٢٢] هذا الأمر بحد ذاته يعطينا مؤشرا واضحا وجليا بأن الفجوة الوضعية واسعة جدا، لذلك، وبناء عليه، نتوقع ونتأهب في الوقت نفسه لأن تكون الصدمات على الاقتصاد المحلي أشد تأثيرا، وهذا بالضبط أحد الأسباب التي تجعلنا نسعى للعمل وفق ما يسمى باستراتيجية «الاقتصاد الثلاثي».

٧-١: «الاقتصاد الثلاثي»

تعد هذه الاستراتيجية استراتيجية تكاملية، قائمة على تقسيم الاقتصاد المحلي إلى ثلاثة اقتصادات متفرعة، لكل فرع منها استراتيجيته الخاصة والخاضعة لسياسات وقوانين تجارية مختلفة، وموارد حكومية متفاوتة، ونظام

تشغيلي مختص. ونعني بالتكاملية هنا ربط المؤشرات الاقتصادية بين كل فرع من فروع تلك الاقتصادات، وتعديل استراتيجية كل منها وفقا لذلك الرابط الذي يسعى في نهاية الأمر إلى الحد من الآثار السلبية الناتجة عن توسع الفجوة الوضعية. إذ تطمح تلك التكاملية في نهاية عام ٢٠٣٥ لأن تكون تلك الاقتصادات متطابقة تماما من غير أي اختلاف يذكر، متحدة لتكون كيانا اقتصاديا واحدا تتحقق به الأهداف الموعودة.

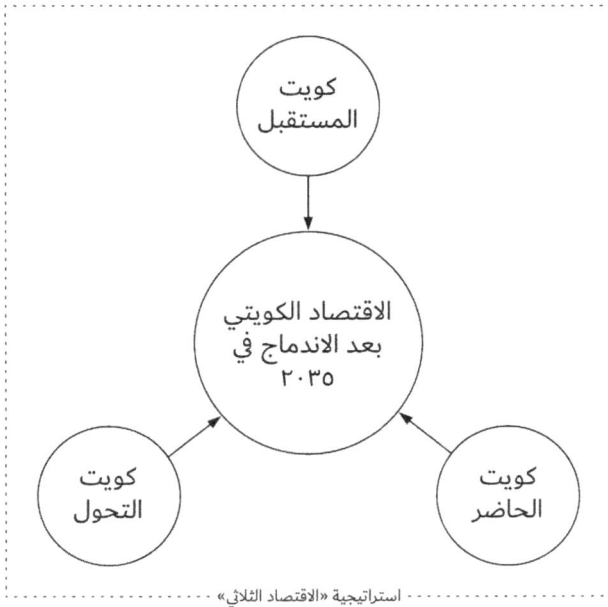

استراتيجية «الاقتصاد الثلاثي»

٧-١-١: أولا – اقتصاد «كويت المستقبل»

على نحو لا يتعارض مع الدستور، يشرع هذا الاقتصاد بكونه اقتصادا قائما على أرض «كويت المستقبل»، وهي محافظة مال وأعمال وسياحة، منفصلة كليا عن الدولة، انفصالا إداريا وجغرافيا، تنشأ باستثمار حكومي بواسطة «الصندوق الاحتياطي العام» وليس من «صندوق جابر»، وتدار بواسطة هيئة حكومية مستقلة، ترفع تقاريرها إلى رئاسة مجلس الوزراء مباشرة، ولا علاقة لها بأي من الوزارات الكويتية. فبناء على التفويض الشرعي لتلك الهيئة، يعد من دورها تأسيس وزاراتها الخاصة اللازمة، وتعيين وزرائها وإدارييها، وسن القوانين واللوائح، وتنفيذ المشاريع، والتعاقدات الخارجية، وجمع الرسوم، حسب ما تقتضيه المصلحة العامة للمحافظة، وكأنها بذلك دولة مستقلة قائمة بذاتها.

والحكمة بالفصل الجغرافي تتمثل في وجود حدود برية وبحرية وجوية بين الدولة والمحافظة. وهذا الفصل يعد فصلا مؤقتا، لا يعتد به إلا في المرحلة الانتقالية التي تشهدها طيلة فترة تحقيق استراتيجية الرؤية. بذلك، تكون اشتراطات تأشيرات الدخول لهذه المحافظة خاضعة لقوانين ولوائح تحددها وزارات محافظة «كويت المستقبل» لا وزارات دولة الكويت.

وترجع الغاية وراء إنشاء «كويت المستقبل» إلى تطبيق أحدث القوانين والسياسات الاقتصادية والسياحية عند نقطة الصفر ومع بداية إنشاء تلك المحافظة. بحيث يكون في هذه المحافظة تطبيق فعلي لكل ما يخدم الاقتصاد والسياحة بشكل مباشر دون الخوض في برنامج تحول اقتصادي. فعلى افتراض أن المرحلة الأولى من المحافظة ابتدأت أعمالها مباشرة في عام ٢٠٢٥، فهذا يعني أن الاقتصاد الكويتي قد حظي في إحدى محافظاته ببيئة أعمال صحية لأبعد الحدود في غضون خمسة أعوام تضمنت فترات إنشاء البنى التحتية بعميق بحث ودراسة.

٧-١-١-١: وجهة «كويت المستقبل»

يتمثل دور هيئة «كويت المستقبل» في دراسة الأسواق العالمية المجاورة ومعرفة لب احتياجاتها. تلك الأسواق تتضمن أسواق الاقتصادين الكويتيين الآخرين، وخاصة في حال كانت تلك الاحتياجات تزيد من إجمالي الصادرات غير النفطية، أو تخفض من إجمالي الواردات الاستهلاكية أو الأولية لمواد استهلاكية في تلك الاقتصادات المحلية. وبناء على تلك الدراسات يتم رسم توجه المحافظة مربوطا بخط الصادرات الاستثمارية فيها. وما أن يتم تحديد ذلك التوجه حتى يتم تحديد القطاعات التي تحقق أفضل نجاح له. فمثلا، إذا كانت الأسواق المجاورة تفتقر إلى الصادرات في مجال

البتروكيماويات فتتم دعوة أكبر الشركات العالمية في هذا المجال لإنشاء فروع أساسية لها في «كويت المستقبل»، وذلك بحوافز لا يمكن أن ترفض، كالتنازل عن رسوم الإيجار السنوي للعقارات الاستثمارية والصناعية لفترة تحددها الدراسات. كما يعد من الضروري الأخذ بالاعتبار قانون العرض والطلب في تلك الآليات. فإن كان سد احتياج الأسواق المجاورة من المنتجات البتروكيماوية يتطلب وجود ثلاث شركات في المحافظة، فإن الحوافز المقدمة تنخفض كلما زاد عدد الشركات المؤهلة والراغبة في الاستثمار في المحافظة، والعكس بالعكس.

ومن أهم الأسس التي يجب أخذها في عين الاعتبار هو أن واردات المحافظة الاستهلاكية أو وارداتها للمواد الأولية لمواد استهلاكية يمكن إدخالها ولكن برسوم جمركية مرتفعة، في حال كانت واردات خارجية. أما في حال كانت واردات كويتية، أي تم تصديرها من قبل الاقتصادين الآخرين، فهي معفاة من هذه الرسوم.

وفيما يتعلق بتراخيص الأعمال، فعلى الهيئة اعتبار التمييز بين المشاريع من خلال الحجم المتوقع لصادراتها الخارجية. وعليه، يكون هناك علاقة إيجابية بين الحوافز المقدمة من وزارات الهيئة وحجم صادرات المشروع التجاري أو الصناعي إلى الخارج، أو مدى قدرته على جذب الأموال الأجنبية للاستهلاك السياحي، والعكس بالعكس.

٧-١-١-٢: المواطن والأجنبي في «كويت المستقبل»

نظرا لحداثة تلك المحافظة فإن مصالح المواطنين لن تتعارض مع مدى انفتاح اقتصاد «كويت المستقبل»، فاقتصاد المحافظة يعد اقتصادا مفتوحا لا يميز بين المواطن والمقيم إلا بالكفاءة الإنتاجية التي تحقق أعلى ارتفاع في الصادرات غير النفطية. وفقا لذلك، يمكن لأي شخص من أي جنسية ضخ رأس ماله في بنوك المحافظة والاستثمار بها، والحصول على الإقامة الدائمة، أو الدخول السريع بتأشيرة زيارة أو سياحة تعطى عند منفذ الدخول، مع الأخذ في عين الاعتبار الاشتراطات الضريبية والرسوم التي تحددها الدراسات.

وبالنسبة للتأشيرات، فإن المواطن الكويتي معفى منها تماما، بالنظر إلى أن المحافظة تقع داخل حدود الدولة. أما عدا ذلك فالمواطن والمقيم يعاملان على حد سواء في نطاق الأصعدة الأخرى، تحديدا – وعلى وجه الخصوص – التوظيف في وزارات الهيئة، إذ يكون الاشتراط الوحيد للتوظيف فيها أن يكون رئيس الهيئة كويتيا فقط.

٧-١-١-٣: عقارات «كويت المستقبل»

جميع العقارات، استثمارية كانت أو صناعية، ترجع ملكيتها بالكامل لهيئة «كويت المستقبل»، الهيئة الحكومية المستقلة بدورها تحت مظلة مجلس الوزراء. وبسياسة عقارية تكفل أن العقار لا يباع، إنما يوقع عليه بعقود انتفاع طويلة الأمد وقابلة

للتجديد ببنود يتفق عليها، بين الوزارة المختصة والمستثمر. أما العقارات السكنية فتتشعب تحت العقارات الاستثمارية بحيث تكون على هيئة مجمعات سكنية لا منازل منفصلة. وهذا يعني أنه من غير الممكن لأي مواطن أو مقيم أن يتملك عقارا في «كويت المستقبل»، وإنما يمكنه استئجاره مباشرة من الوزارة المختصة، أو من المستثمر الذي سبق له التعاقد مع تلك الوزارة.

٧-١-١-٤: إيرادات «كويت المستقبل»

يصبح من دور الهيئة ووزاراتها تأسيس البنية التحتية ذات المتانة العالية، والعمل وفقا لأفضل الدراسات الإحصائية والإدارية والمالية لتحقيق أعلى معدل يكفل جاذبية كبرى تغري المستثمر الأجنبي بنظام حوافز رصين، وتقديم أفضل الحلول والخدمات وكل ما يتعلق بتسهيل وتحسين بيئة المال والأعمال؛ كالقوانين الحديثة، والمحاكم التجارية، والموانئ المتقدمة، واعتبار أهم المؤشرات العالمية كمؤشر المراكز المالية العالمية الذي يعتمد على خمسة مؤشرات أساسية، وهي: (١) مؤشر بيئة الأعمال، و(٢) مؤشر تنمية القطاع المالي، و(٣) مؤشر عوامل البنية التحتية، و(٤) مؤشر رأس المال البشري، و(٥) مؤشر السمعة والعوامل العامة، على أن تكون تلك المؤشرات إيجابية قد بلغت أعلى الحدود فور بدء هذه المحافظة بمزاولة أنشطتها وأعمالها، وذلك من أجل تحقيق

أعلى عائد لخزينة الهيئة على الرسوم الجمركية، ورسوم الخدمات العامة والطرق، ورسوم إيجار العقارات الاستثمارية والصناعية، ورسوم التأشيرات، وضريبة الإقامة الدائمة للأجنبي، وضريبة دخل الأفراد – مواطنا كان أو مقيما، في حال عمله داخل المحافظة –، والشركات – الكويتية والأجنبية في حال كانت قائمة داخل حدود المحافظة –، وضريبة القيمة المضافة، وما إلى ذلك من رسوم.

وعلى تلك الرسوم والضرائب أن ترسم الجدوى الاقتصادية لـ «كويت المستقبل». فهذا العائد، الذي هو في نهاية السنة المالية يصب في سجل الإيرادات غير النفطية في ميزانية وزارة المالية لدولة الكويت، عليه أن يكون ذا تأثير فاعل في رفع الإيرادات غير النفطية إلى ٧٥٪ من إجمالي الإيرادات، وذلك بحلول عام ٢٠٣٥. ففي هذه المرحلة الانتقالية، أي من ٢٠٢٠ إلى ٢٠٣٥، يعاد استثمار ما نسبته ٧٥٪ من أرباح «كويت المستقبل» داخل حدود اقتصادها، أما ما يتبقى بنسبة ٢٥٪ من الأرباح فيتم إيداعه في «صندوق جابر» لسد احتياجات المشاريع التنموية المحققة لأهداف الرؤية في كل من «كويت التحول» و «كويت الحاضر».

٧-١-٢: ثانيا – اقتصاد «كويت التحول»

وهو اقتصاد قائم على أرض «كويت التحول»، وهي محافظة شبه منفصلة جغرافيا؛ أي تقع خارج النطاق

العمراني، تتم تنشئتها بواسطة الاستثمار الحكومي من «الصندوق الاحتياطي العام» و«صندوق جابر»، أو حسب ما تراه وزارة المالية مناسبا. وهي مرتبطة إداريا مع وزارات الدولة بواسطة فروع لها في تلك المحافظة. وفيما يتعلق بآليات تحفيز الأعمال وصادراتها، فإن تلك الفروع تعمل على توصيات هيئة حكومية مستقلة تنضوي تحت رئاسة مجلس الوزراء، والتي تدير بدورها هذه المحافظة بغرض بلوغها الأهداف المنشودة.

إن هيئة «كويت التحول» ليست إلا أداة ترسل التوصيات للوزراء المعنيين ليقوموا باللازم فيما يخدم اقتصادها، كتعديل اللوائح الداخلية للمشاريع القائمة عليها. وبذلك، تكون بيئة الأعمال فيها ذات حوافز أعلى من الحوافز المعطاة في بيئة أعمال «كويت الحاضر»، من إعفاءات جمركية ورسوم إيجار الأراضي وتسهيل استقطاب رأس المال البشري والتمويل المالي. ويعد من دور الهيئة أيضا اعتبار القوانين والتشريعات التي تقر من قبل هيئة «كويت المستقبل»، والعمل على استراتيجيات قادرة على تضييق الفجوات التشريعية بين القوانين التجارية في «كويت الحاضر» و«كويت المستقبل»، بهدف سد تلك الفجوات بحلول عام ٢٠٣٥.

ومن أعمال الهيئة الرئيسية دراسة السوق المحلي، والأسواق المجاورة، ومعرفة نقاط قوة «كويت الحاضر»، وربط إنتاجها للتصدير بالأسواق العالمية من خلال ضم تلك المشاريع إلى «كويت التحول». فهي بيئة مناسبة لتلك المشاريع غير القادرة على منافسة المشاريع العملاقة في «كويت المستقبل»، أو غير قادرة على التخلي عن أسس بيئة أعمال «كويت الحاضر»، وفي الوقت ذاته قادرة على تحقيق قوة إنتاجية ترفع من إجمالي الصادرات غير النفطية. بذلك يمكن لأي نشاط تجاري يستهدف سوق «كويت الحاضر» أن يباشر أعماله في «كويت التحول» من خلال فرع آخر بشرط استهدافه للأسواق العالمية، أي عن طريق التصدير للخارج، وذلك بغرض الانتفاع من الحوافز التي توفرها بيئة الأعمال في هذه المحافظة.

وعلى الرغم من تراجع ترتيب دولة الكويت في مؤشر المراكز المالية العالمية، فعلى هيئة «كويت التحول» أن تسعى بكل وسائلها ودراساتها وتحليلاتها وتوصياتها إلى رفع المؤشرات التي تحسن من ترتيب الكويت في هذا المؤشر الأساسي، كمؤشرات: (١) بيئة الأعمال، و(٢) تنمية القطاع المالي، و(٣) عوامل البنية التحتية، و(٤) رأس المال البشري، و(٥) السمعة والعوامل العامة، وذلك من خلال المتابعة المستمرة لأداء الشركات التجارية في هذه المحافظة، وإذا ما كان أداؤها يسهم في تحسين المؤشرات السالف ذكرها، ويزيد

من جاذبية رؤوس الأموال الأجنبية، ويرفع من إجمالي الصادرات غير النفطية أم لا.

تعد جميع عقارات «كويت التحول»، استثمارية كانت أو صناعية، مملوكة بشكل كامل للدولة، تحت سياسة عقارية لا تسمح ببيع العقار، إنما تتيح التعامل بعقود انتفاع متوسطة الأمد قابلة للتجديد ببنود يتفق عليها، بين الوزارة المختصة والمستثمر. أما العقارات السكنية فتقع تحت تصنيف العقارات الاستثمارية، بحيث تكون على شكل مجمعات سكنية لا منازل منفصلة. وهذا يعني أنه من غير الممكن لأي مواطن أو مقيم أن يتملك عقارا في «كويت التحول»، وإنما يمكنه استئجاره مباشرة من الوزارة المختصة، أو من المستثمر الذي سبق له التعاقد مع تلك الوزارة.

٧-١-٣: ثالثا – اقتصاد «كويت الحاضر»

وهو اقتصادنا اليوم، الذي يتم التعامل به داخل حدود دولة الكويت، مدارا بواسطة السلطة التنفيذية للدولة، متمثلة برئاسة مجلس الوزراء. وكونه اقتصادا قائما، فآلية العمل الواجب اتباعها بشأنه تتمثل في إصلاح التوجهات الاقتصادية والسياسية من خلال النظر إلى توصيات كل من هيئتي «كويت التحول» و«كويت المستقبل». فهيئة «كويت المستقبل» هي من تعطي التصور النهائي لأفضل بيئة أعمال في «كويت الحاضر»، وذلك من خلال تقديم القوانين

والتشريعات المستهدفة. أما هيئة «كويت التحول»، وبناء على دراساتها الإحصائية والاقتصادية، فتقدم أكثر الآليات ذات الجدوى القادرة على تحويل «كويت الحاضر» إلى نموذج آخر من «كويت المستقبل»، وذلك بمساندة آليات العمل في «كويت التحول.»

أما مجلس الوزراء، وبتكلفة إصلاحية يتحملها «صندوق جابر» فقط، فإن دوره يتمثل في أخذه بالتوصيات المقدمة من الهيئتين في آليات عمله الإصلاحية؛ كالإصلاح الإداري والإنتاجي، والتوجه نحو اقتصاد المعرفة[٢٢]، وزيادة التشريعات واللوائح الداخلية المعمول بها فيما يتعلق بقضايا الفساد، والتطبيق الحازم لمبادئ الشفافية والنزاهة، وتطوير وتفعيل الحوكمة الإلكترونية، وزيادة موارد الدولة في «كويت التحول» و«كويت المستقبل»، ورفع معايير رفاهية المجتمع، وتجهيز جيل واعد ثقافيا – باستراتيجيات سنوليها عنايتنا بالتفصيل في المحاور اللاحقة –، للانخراط والتكييف وفق أعمال «كويت التحول» و«كويت المستقبل»، أو لتحسين البيئة الإنتاجية في «كويت الحاضر».

٧-١-٣-١: الهيئة العامة للاستثمار

إنه من دور رئاسة مجلس الوزراء الأخذ بأهم المؤشرات الاستثمارية في أداء «الهيئة العامة للاستثمار». وبناء عليها يتم إعادة تشكيل الهيكل الإداري والاستثماري، وأخذ

دراسات البحث والتطوير ودراسات الأسواق العالمية والفرص الاستثمارية ذات الجدوى العالية في عين الاعتبار، وذلك من أجل تحقيق أعلى العوائد السنوية المحققة على الاستثمارات.

٧-٢: «نقطة التلاقي»

إن الأمر الجوهري الذي يجب تحقيقه هو هدفنا في تطابق الاقتصادات الثلاثة بحلول عام ٢٠٣٥، على أن تكون جميعها متشابهة في كل ما يخص الجانب الاقتصادي والسياحي والثقافي. وبذلك، فإن «كويت المستقبل» تسعى إلى التوسع كونها قائمة على أحدث القوانين والتشريعات التي نطمح لها في رؤيتنا هذه وحسب. و«كويت التحول» تسعى إلى تحفيز القطاعات في «كويت الحاضر» في أراضيها ووفق توصياتها، وتقريب قوانينها إلى القوانين الحديثة المطبقة في «كويت المستقبل». أما «كويت الحاضر» فهي تلك التي تسعى إلى العمل بتوصيات كل من «كويت المستقبل» و«كويت التحول» بحيث يكون اقتصادها قائما على تلك التشريعات الحديثة في «كويت المستقبل»، بأدنى ضرر يمس اقتصادها القائم حاليا.

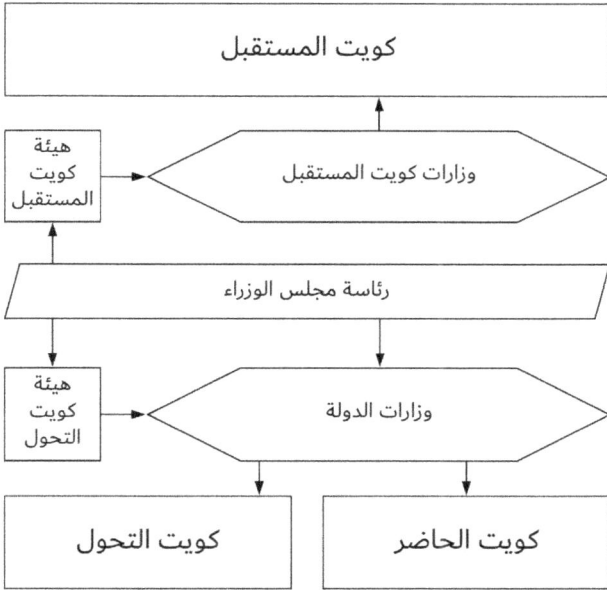

كويت المستقبل

| هيئة كويت المستقبل | ← | وزارات كويت المستقبل |

رئاسة مجلس الوزراء

| هيئة كويت التحول | ← | وزارات الدولة |

| كويت التحول | | كويت الحاضر |

* * *

٨

– المحور الثامن –

استراتيجية «رفاه»

الكويت، ٢٧ سبتمبر ٢٠١٨

موجز المحور

يقوّم مؤشر الرفاه العام اعتمادا على عدة مؤشرات، مثلا: مؤشر انتفاع الفرد مقابل الجهد الذي يبذله شهريا في عمله، ومؤشر مدى قدرة الفرد للحصول على مقومات الحياة التي تمتاز بها الطبقة المتوسطة. وتأتي استراتيجية «رفاه» بوصفها واحدة من أكثر الاستراتيجيات تعقيدا، إذ يتطلب تطبيقها وتأكيد عملية نجاحها أمرا أساسيا يتمثل بالعمل الحثيث الذي يتبع منهجا دقيقا ويدعم بتخطيط مختص، ودراسة إحصائية، إضافة إلى البحث المستمر الذي يتم بشكل دوري وبتحديث أولي لكل ما هو جديد ومتعلق باحتياجات أفراد الطبقة المتوسطة. وتبعا لتلك الدراسات الدورية، فإنه يتم التعديل على الأهداف الفرعية عن طريق ما يتم اتباعه من استراتيجيات فرعية. وتلك الأهداف واستراتيجياتها أيضا يتم تعديلها هي الأخرى بشكل دوري يتناسب مع المعطيات الجديدة سنويا، وذلك من أجل أن نضمن تحقيق التحسن المستمر في مؤشر الرفاه.

إن «هيئة الرفاه»، المسؤولة عن وضع أهداف الرؤية الفرعية «مجتمع مرفه»، والمسؤولة كذلك عن استراتيجيتها المتبعة، هي هيئة حكومية مستقلة تتبع رئاسة مجلس الوزراء مباشرة، وتتلقى بدورها التوصيات الإصلاحية من قبل هيئتي «كويت

المستقبل» و«كويت التحول». وتتمثل مهمتها الأساسية في السعي الحثيث والجهد المكرس الذي يسن التشريعات ويقدم التعديلات على القوانين واللوائح الداخلية لمؤسسات الدولة، وذلك كله في سبيل تحقيق مرام وهدف التأثير الإيجابي بشكل مستمر ومتتابع ينعكس أثره إيجابا في مؤشر الرفاه.

* * *

جرت العادة، وفقا لما يتم تداوله بين الناس، وتبعا للأعراف التي يتعامل بها العامة، أن الرفاه مفهوم تجمعه رابطة ذات علاقة إيجابية مع الوفرة المالية وحسب. أي أنه ووفقا لهذه الرابطة يزداد معدل الرفاه كلما ازدادت الوفرة المالية، والعكس بالعكس. ولكن هذا العرف الذي يحتكم إليه الكثير من الناس قد غيب وهمش نقطة جوهرية، تنافي بالكلية ما تم تنظيره من ذلك الإدراك، ألا وهو ما يتمثل في كون مفهوم الرفاه ينتج من أصل معادلة معقدة تضم إليها عديدا من العوامل الأخرى.

٨-١: العملة الورقية

إن المواطن يعمل يوميا وعلى مدار الشهر من أجل الحصول على راتبه الشهري المتفق عليه في عقده الوظيفي، ومن ثم يقوم باستخدام هذا الراتب لتلبية احتياجاته واحتياجات أسرته؛ من سكن، ومأكل، ومشرب، وكماليات، ومصاريف أخرى، ويسعى لادخار ما يزيد عن حاجته – إن استطاع إلى ذلك سبيلا

-. فهذا الراتب الشهري ما هو إلا حلقة وصل تربط بين العمل الشهري وسد الاحتياجات الشهرية. ومتى ما قصر الراتب عن تغطية الالتزامات، وبات غير كاف لسد تلك الاحتياجات، فلن يستمر المواطن في وظيفته تلك؛ لأنها لا تمنحه راتبا يكفل تغطية احتياجاته، ولا فرق في ذلك، سواء كان هذا الراتب منخفضا أو بعملة لا قيمة لها.[٢٣]

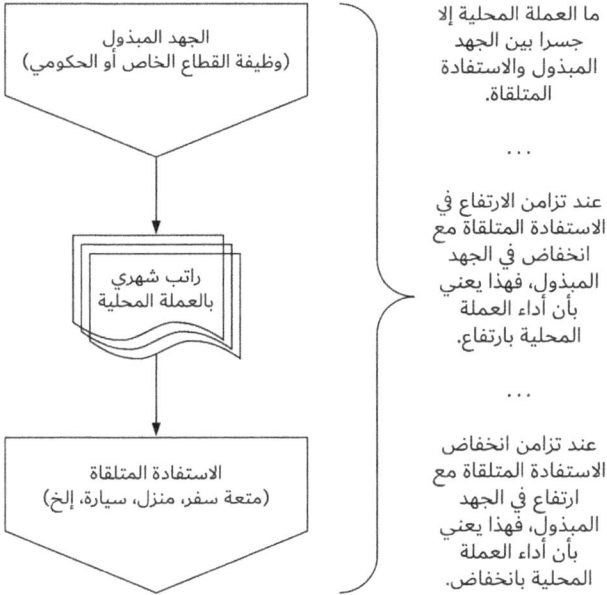

الجهد المبذول
(وظيفة القطاع الخاص أو الحكومي)
راتب شهري
بالعملة المحلية
الاستفادة المتلقاة
(متعة سفر، منزل، سيارة، إلخ)
ما العملة المحلية إلا جسرا بين الجهد المبذول والاستفادة المتلقاة.
عند تزامن الارتفاع في الاستفادة المتلقاة مع انخفاض في الجهد المبذول، فهذا يعني بأن أداء العملة المحلية بارتفاع.
عند تزامن انخفاض الاستفادة المتلقاة مع ارتفاع في الجهد المبذول، فهذا يعني بأن أداء العملة المحلية بانخفاض.

فقد يظن البعض بأن ارتفاع الراتب هو ما يرضي المواطن، وهذا أمر غير صحيح. إن ما يرضي المواطن هو ارتفاع قيمة ما

يتمكن من الحصول عليه مقابل هذا الراتب، بما يعمل على رفع مستواه المعيشي، ويحقق له مستوى أعلى من السعادة والرفاهية. فإن كان راتب المواطن ١٢٠٠ د.ك.، وكانت القدرة الشرائية لهذا المرتب كفيلة بتوفير المسكن والمأكل والمشرب والكماليات لهذا المواطن، فلا شك في أن مدى رفاهية هذا المواطن ستكون أعلى من رفاهيته في حال كانت تلك القيمة مهيئة لتوفير المسكن فقط، فالرقم والقيمة مفهومان مختلفان؛ مختلفان تماما.[٢٣]

٨-٢: التضخم وارتفاع الأسعار

وقد يرى البعض أنه من البديهي ربط التضخم بارتفاع الأسعار على الرغم من اختلاف المفهومين اختلافا جذريا إذا ما تم تحليل الأسباب المتعلقة والمؤدية لظهور كل منهما، فالتضخم يعني ارتفاع الأسعار نتيجة لزيادة الوفرة المالية في السوق، وهو ما يسهم في رفع كمية الطلب على السلع والخدمات. ومع ثبات سعر صرف سلة العملات مقابل الدينار الكويتي فإنه من المنطقي أن يرتفع سعر السلع المستوردة من الخارج إلى الضعف، في حال كان معدل متوسط راتب المواطن يساوي ٢٠٠٠ د.ك. عوضا عن ١٠٠٠ د.ك.، والسبب في ذلك يكمن وراء الزيادة في كمية الدنانير المتوافرة في السوق. وبنتيجة عن تلك الزيادة فإن السوق حينها تواجه ما يسمى تضخما في الأسعار. وإذا ما افترضنا خلو هذا السوق إلا من المنتجات

المستوردة، فما يكفل احتياجات المواطن سيكون ثابتا في حال كان راتبه ١٠٠٠ أو ٢٠٠٠ د.ك. شهريا، الذي يتمكن به من توفير الاحتياجات ذاتها.[٢٤]

ويأتي ذلك الارتفاع كردة فعل من قبل التاجر، سببها الرئيسي نابع من نفس جشعة طماعة تسعى لكسب المزيد في ظل استغلال كمية الطلب المتزايد. ومع ثبات قيمة السلع، ونتيجة لجشع المواطن، فإنه يندفع لشراء ضعف ما كان قادرا على شرائه، وذلك عند مضاعفة معدل متوسط راتبه الشهري. الأمر الذي يحتم على التاجر الاختيار بين أمرين؛ إما أن يقوم بزيادة المعروض من تلك السلع، وبذلك يكفل تلبية هذا الارتفاع في الكمية المطلوبة، أو أن يقوم برفع سعر تلك السلع، لإشباع غريزته وإخماد لهيب طمعه. وبما أن الهدف وراء أي مشروع تجاري هو الربح المادي، فإن رفع السعر، في العادة، يمثل ما يتم اتخاذه من قبل التاجر في حال الزيادة على الطلب الناتج عن زيادة الوفرة المالية في السوق.[٢٤]

٨-٣: السعر والقيمة

إن السعر هو ما يحدده بائع السلعة أو مشتريها، كل على حدة، في ظل ما يناسبه. أما القيمة فهي الرقم الذي يتفق به الطرفان على إتمام الصفقة. فعند استيراد التاجر لمنتج تكلفته ٤ د.ك.، بهدف بيعه محليا بمبلغ ٨ د.ك.، فهذا لا يعني، بالضرورة، أن قيمة هذا المنتج تعادل ٨ د.ك.، إلا إذا ما وجد طلبا كافيا على

المنتج رغم بيعه بهذا السعر. ولكن، ماذا لو توافر المنتج ذاته لدى تاجر آخر بسعر مختلف، ولنفترض أنه توافر بما قدره ٦ د.ك.؟ فحتما لن تكون القيمة الحقيقية حينها ٨ بل ٦ د.ك. في حال توافر الطلب الكافي ذاته على المنتج وهو بهذا السعر.[٢٥]

٨-٤: التدفق النقدي والأسعار

يتكون التضخم أو الانكماش في أسعار السلع والخدمات نتيجة لارتفاع أو انخفاض متوسط دخل الفرد. ويعد احتساب المتوسط أمرا سهلا للغاية؛ إذ يتم بقسمة إجمالي ما يتم جنيه من قبل جميع المواطنين والوافدين سنويا على إجمالي عدد المواطنين والوافدين. وليس ثمة شك في أن معدل رفاهية المواطن أو الوافد في ارتفاع مستمر تزامنا مع ارتفاع راتبه السنوي عن هذا المتوسط، والعكس بالعكس.[٢٦]

والجدير بالذكر أن ما يؤثر في رفاهية المواطن ليس ما يتعلق بمسألة خفض الراتب أو ارتفاعه، بل إن الأمر مرتبط بمدى ابتعاد راتبه عن متوسط الرواتب. ففي حال انخفضت الرواتب في قطاع التعليم، فمن الطبيعي أن ينخفض متوسط الرواتب داخل الدولة، وهو ما من شأنه أن يؤثر بانخفاض الأسعار نسبيا وفقا لكمية العاملين في هذا القطاع. ولكن، حينها سيكون معدل انخفاض راتب العامل في هذا القطاع أكبر من معدل انخفاض أسعار

السلع والخدمات التي أخذت متوسط الرواتب في عين الاعتبار لكل القطاعات. بذلك، سيكون العاملون في هذا القطاع هم الأكثر تأثرا على نحو سلبي، أما العاملون في قطاعات أخرى فهم الأكثر استفادة.[٢٦]

أما في حال أنه تم خفض أو رفع رواتب الموظفين في جميع القطاعات، فإن الأمر سيكون مختلفا حينها. إذ لا شك من أن متوسط الرواتب سينخفض أو يرتفع، وبناء عليه تنخفض أو ترتفع الأسعار، إلا أنه، حينها، لن يكون هناك أي اختلاف في معدل رفاهية العاملين في أي من القطاعات، ويعتمد ذلك على تطابق التباعد أو التقارب بين رواتب هؤلاء العاملين في شتى القطاعات، توافقا مع متوسط الرواتب. وبناء عليه، قد يكون من الظلم رفع أو خفض رواتب فئة دون أخرى بغير وجه حق. ولكن رفع أو خفض رواتب جميع الفئات دفعة واحدة لن يترتب عليه أي تأثير سلبي أو إيجابي على فئة دون أخرى فيما يتعلق بمستوى الرفاهية، ويمكن استخدامه كآلية إصلاح فيما يتعلق بقضايا الاقتصاد الكلي للدولة.[٢٦]

٨-٥: معادلة الرفاه

يختلف الرفاه في مفهومه وصيغته من دولة لأخرى حسب ما تتأثر به الثقافة المجتمعية، وما تتطلبه احتياجات الأفراد، وما ترتبط به تلك الاحتياجات من ندرة.

فإن كانت حاجة الفرد هي تعليم الأبناء فهناك وسائل عدة تتوافر لسد هذه الحاجة. على سبيل المثال، يمكن للفرد أن يقوم بتسجيل أبنائه في مدارس حكومية بالمجان من غير مقابل مادي، أو تسجيلهم في مدارس خاصة ذات جودة متوسطة بسعر مقبول، أو مدارس خاصة فائقة الجودة بتكلفة باهظة. أما تبعا لمجريات الأمور ومعطيات المعادلة في الكويت، ونظرا إلى أن مخرجات التعليم الحكومي ضعيفة ومتدنية عما يتطلبه سوق العمل، ولا تواكب معايير التعليم المثالية المتطلبة عالميا، فإن عددا كبيرا من أفراد الطبقة المتوسطة يحيدون عن تسجيل أبنائهم في المدارس الحكومية، لأن مفهوم الرفاهية يتجسد لديهم في وضع أبنائهم في مدارس خاصة باهظة التكاليف. ولكن، هل ستتغير هذه النظرة ويختلف تقدير هذا المعيار لو كانت إمكانيات التعليم الحكومي تفوق التعليم الخاص، فيما يتعلق بمستوى المخرجات، وسبل التعليم، وتقدم الخدمات وتطورها؟ ألن يصبح لذلك دور في ارتفاع معدل الرفاه دون احتياج الفرد لمضاعفة جهوده في عمله أو الاستدانة من أجل توفير تكاليف دراسة أبنائه؟

يقوّم مؤشر الرفاه العام بعدة مؤشرات، منها مدى انتفاع الفرد مقابل الجهد الذي يبذله شهريا في عمله، وأيضا مؤشر مدى قدرة الفرد للحصول على مقومات

الحياة التي تمتاز بها الطبقة المتوسطة. بذلك، يمكن تشكيل مؤشر الرفاه في المعادلة التالية:

ر = [($ن_{١}$×(ع-٠))+($ن_{٢}$×(ع -١))+ ... +($ن_{ع}$×١)] ÷ [[ع×(ع+١)]÷٢]

ر = مؤشر الرفاه

ن = نسبة تملك الاحتياج

ع = عدد الاحتياجات حسب ترتيب الأهمية – الأولوية –.

في المعادلة السابقة يتم اعتبار الاحتياجات وترتيبها حسب الأهمية والأولوية التي يعيرها إياها أفراد الطبقة المتوسطة. ومثال تبسيطي لذلك – إذ أن الأمر أكثر تعقيدا –، على فرض أن ترتيب احتياجات الطبقة المتوسطة هو كالآتي: (١) تملك مسكن مقبول به لأسرة من الطبقة المتوسطة، و (٢) راتب شهري يسد احتياجات أسرة في الطبقة المتوسطة شاملا كل ما يتعلق بالمأكل والمشرب والمستلزمات الأساسية. بذلك يتم احتساب المؤشر كما يلي:

مؤشر الرفاه = [($ن_{١}$×(٢-٠))+($ن_{٢}$×(٢-١))] ÷ [[٢×(٢+١)]÷٢]

ولو فرضنا أن نسبة تملك المسكن المقبول لأسرة من الطبقة المتوسطة تعادل ٦٠٪ من إجمالي الشريحة، ونسبة حصول العائل على راتب شهري يسد احتياجات أسرة من

الطبقة المتوسطة هي ٧٠٪ من إجمالي الشريحة، فإن مؤشر الرفاه لتلك الشريحة يشكل ما نسبته:

مؤشر الرفاه = [(٦٠٪×(٢-٠))+(٧٠٪×(٢-١)] ÷ [[٢×(٢+١)]÷٢]

= [١٢٠٪ + ٧٠٪] ÷ ٣

= ١٩٠٪ ÷٣

= ٦٣,٣٪

وبناء على نتيجة هذه المعادلة، فإننا نتوصل إلى أن العلاقة بين ارتفاع نسبة تملك الحاجة ومؤشر الرفاه علاقة إيجابية. ولعلنا في الوقت نفسه نتساءل عن العوامل التي يمكن أن تؤثر في هذه النسبة – أي نسبة تملك الحاجة –. وتبعا لمعطيات المثال المطروح أعلاه، الذي تتمثل الحاجة الرئيسية فيه بـ "تملك مسكن مقبول لأسرة من الطبقة المتوسطة"، فإنه من الممكن أن تكون نتيجة النسبة أعلى بكثير في حال كانت الحاجة هي "تملك مسكن مقبول فقط" دون التطرق والتفصيل اشتراطا بأن يكون مقبولا لأسرة من الطبقة المتوسطة.

وهذا الأمر بالذات يفتح أفقا أعلى لإدراك عوامل أخرى، ومثال ذلك: التأثير على ثقافة المجتمع من أجل تبسيط معايير قبول الحاجة عند الطبقة المتوسطة، كقبول السكن في مناطق خارجية، أو الحد من احتكار الحاجة المقبولة عند الطبقة

المتوسطة، كتحرير الأراضي المحتكرة. فلكل حاجة معطيات تتطلب البحث الدقيق والدراسة الحثيثة وتحليل الاحصائيات من أجل تفكيك جزئيات ما استغلق منها لإدراك العوامل المؤثرة فيها.

٨-٦: قضية الإسكان

تعد قضية الإسكان من أبرز القضايا والمعضلات التي تواجهها الكويت من ناحية التعقيد والتبعات؛ إذ تشتكي الغالبية العظمى من المواطنين من صعوبة تملك مساكن خاصة تتيح لكل مواطن على حدة إمكانية إيواء أسرته فيه، هذه الصعوبة أحدثت توجها كثيفا في جانب كمية الإيجار السنوي لدى ملاك العقار، وقد ظهرت نتيجة ذلك على نحو جلي، إذ ما كان لتلك الكثافة إلا أن تؤثر سلبا في الاقتصاد الكلي للدولة، والثقافة السكنية فيها، صانعة مشكلات معقدة أو عودية على بعضها بعضا متداخلة فيما بينها.[٢٧]

ولا شك من أن التوجه الكثيف للإيجار قد نتج عن وجود شح في الأراضي، أي انخفاض كمية المعروض منها. وفي تخصيصنا للمعضلة من منطلق انخفاض كمية المعروض من الأراضي فهذا لا يعني انخفاض كمية الأراضي المعروضة للبيع وحسب، بل إن المقصود من ذلك هو الأراضي المعروضة للبيع بسعر يتناسب مع ميزانية المواطن وقدرته الشرائية، أي في نطاق سعر يقع بين نقطة تلاقي خط العرض

والطلب على الأراضي السكنية. والأسباب الأخرى كثيرة، يصعب حصرها، ومن أهمها احتكار الأراضي، وبطء التحرير الحكومي، وغياب محفزات استثمار الأراضي.[٢٧]

إن تاجر الأراضي قد اشترى العقار بسعر مرتفع نظرا لرغبته في إتمام صفقته في زمن المشكلة المعقدة. ولكي يحقق الربح المجدي من تلك الصفقة فإنه يتطلع إلى بيع هذا العقار بسعر أعلى من سعر الشراء. والعلاقة طردية بين زمن الاحتفاظ وسعر العقار، فكلما طال زمن الاحتفاظ بهذا العقار ارتفع سعره أكثر. وما كان لارتفاع السعر هذا إلا أن يزيد من انخفاض كمية المعروض من الأراضي التي تتناسب أسعارها مع ما يناسب المواطن وقدرته الشرائية، ولعل السبب في ذلك يعود إلى أن معدل ارتفاع قيمة الأراضي أعلى من معدل ارتفاع دخل الفرد سنويا.[٢٧]

وتبعا إلى كون الاقتصاد الجزئي هو سقف علم تاجر العقار في هذه المسألة، فإنه لا يرى ولا يبدي اهتماما لجانب الاقتصاد الكلي في الوقت نفسه، إذ يعتقد هذا التاجر أن سعر العقار سيستمر بالارتفاع دون توقف. وبشكل نظري، يعد هذا الاعتقاد افتراضا صحيحا. ولكن الحقيقة التي تنص على أن قيمة العقار متوقفة عند السعر المحدد بين نقطة تلاقي كميتي العرض والطلب على الأراضي، وأن هناك اختلافا شاسعا بين القيمة والسعر، تنفي صحة ذلك الاعتقاد بالكلية.

فالسعر هو ما يحدده البائع، أما القيمة فهي السعر الذي يتم الاتفاق عليه من قبل البائع والمشتري. فهل سيخفض التاجر سعر البيع إلى سعر يوافق عليه المشتري في حين أنه قد اشترى الأرض بسعر أعلى بكثير، ليترتب على هذا التنازل خسارة سعرية؟[٢٧]

إن لكل قضية في الاقتصاد الجزئي حلا مؤقتا تقوم باكتشافه الفئات التي تنتفع منه، ولكنها مع غياب القوانين قد تضر أو تؤثر تأثيرا سلبيا في الاقتصاد الكلي للدولة. فنظرا للارتفاع المستمر بشكل متتابع على أسعار الأراضي فإن ذلك يجعل المواطن يتجه إلى خيار استئجار مسكنه، الأمر الذي يؤدي إلى ارتفاع حاد في الطلب على المساكن المعروضة للإيجار، ليفتح بذلك سوقا جديدة.[٢٨]

فسوق الإيجار بعوائده المرتفعة والمرتبطة بشكل نسبي مع القيمة الحقيقية للأراضي، أي السعر عند نقطة تلاقي العرض والطلب قبيل ازدهار سوق الإيجار، كان خير محفز للتأثير في نقطة التلاقي بين كميتي العرض والطلب على الأراضي. فالقيمة الحقيقية للأراضي ارتفعت جراء ظهور تجار الإيجار الذين يطمحون إلى بناء عقار يتكون من شقق سكنية تدر عليهم عوائد مجدية، تتناسب تلك العوائد مع ما يستهلكه المواطن غير القادر على تملك عقاره.[٢٨]

فكلما ارتفعت أسعار الأراضي ازداد شح عدد الشقق المعروضة للبيع نظرا لارتفاع أسعارها بما لا يتناسب مع قدرة المواطن الشرائية، وكلما ارتفع معدل هذا الشح ازداد الطلب على المساكن المؤجرة، وبناء على ذلك تزداد أسعار الأراضي نتيجة لزيادة الاستثمار في بناء عقار بهدف تأجيره. وفي حال تمكن المواطن من تملك عقاره الخاص سواء كان مدعوما بقرض بنكي أم حاصلا على فرصة استدانة، فإنه يتوجه لبناء عقاره آخذا بعين الاعتبار تصميمه بشكل يجعله قابلا للتأجير أيضا، وذلك لسد التكاليف التي يدين بها للدائنين، أو لتوفير مصدر دخل يكفل سداد مصاريفه الثانوية.[٢٨]

٨-٧: «رفاه»

تعد هذه الاستراتيجية «رفاه» من أكثر الاستراتيجيات تعقيدا، إذ تتطلب لتطبيقها وضمان نجاحها أن يتم العمل وفقا لمنهجية دقيقة وتخطيط مسبق مدعم بالدراسة الإحصائية والبحث الدقيق، الذي يستمر بشكل دوري وبتحديث أولي لكل ما يتعلق ويستجد من احتياجات الطبقة المتوسطة. وبناء على تلك الدراسات الدورية يتم التعديل على الأهداف الفرعية من خلال استراتيجيات فرعية متبعة. وتلك الأهداف واستراتيجياتها أيضا يتم تعديلها هي الأخرى بشكل دوري يتناسب مع المعطيات الجديدة في كل سنة، وذلك من أجل أن نكفل التحسن المستمر في مؤشر الرفاه.

٨-٧-١: «هيئة الرفاه»

وهي هيئة حكومية مستقلة تتبع رئاسة مجلس الوزراء مباشرة، وتتلقى بدورها التوصيات الإصلاحية من قبل هيئتي «كويت المستقبل» و«كويت التحول». وتتمثل مهمتها الأساسية في السعي الحثيث والجهد المكرس في سن التشريعات وتقديم التعديلات على القوانين واللوائح الداخلية لمؤسسات الدولة، وذلك كله في سبيل تحقيق مرام وهدف التأثير الإيجابي بشكل مستمر ومتتابع ينعكس أثره إيجابا في مؤشر الرفاه.

٨-٧-٢: استراتيجية «هيئة الرفاه»

تقوم الهيئة أولا، وبشكل دوري، ومن خلال الدراسات الإحصائية والبحث الدقيق، بتحديد الطبقات الثلاث؛ ذوي الدخل المحدود، والمتوسطة، والثرية، على أن يكون التحديد بمعدل وزني، وكذلك تقوم بتحديد دور كل طبقة فيما يتعلق بمجريات الاقتصاد الجزئي داخل حدود الدولة، كإضافتها له واستهلاكها لموارده، بحيث يمكن تبني أسس كل ذلك في الاستراتيجيات الفرعية.

ثانيا، ومن خلال البحث الإحصائي الدقيق، تقوم الهيئة وبشكل دوري بتحديد الاحتياجات الأساسية، ومن ثم الثانوية للطبقة المتوسطة، وترتيبها حسب الأولوية بناء على استطلاع يخضع لملاحظات بتفاصيل كافية تخص الطبقة المتوسطة

فقط، إذ يتم حينها تحديد نسبة تملك كل فرد من جميع الطبقات لكل احتياج من تلك الاحتياجات التي حددتها الطبقة المتوسطة.

ثالثا، ومن خلال التحليل ذي المنطق الاقتصادي، يتم تحليل كل من الاحتياجات المطروحة من قبل الطبقة المتوسطة، وتحديد عوامل الاقتصاد الجزئي المؤثرة في نسبة تملك كل احتياج. ويتم حلها بواسطة أدوات الاقتصاد الكلي أولا، ومن ثم الجزئي.

استراتيجية «رفاه»

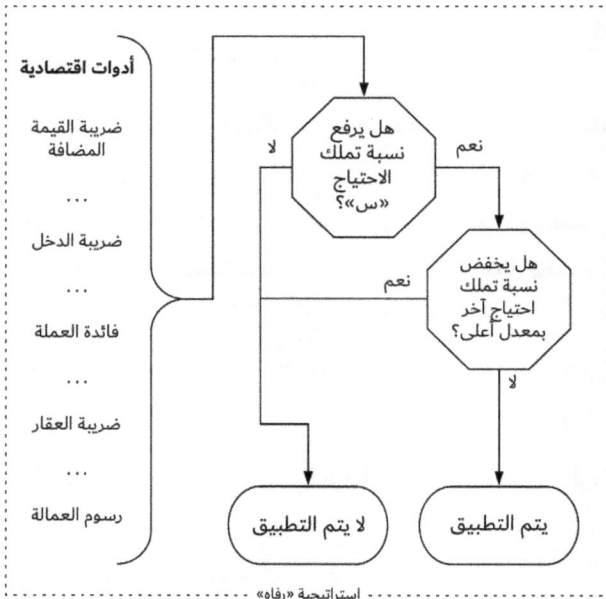

ولو افترضنا تدني نسبة تملك السكن المقبول لأسر الطبقة المتوسطة. فعند تحليل كل من هذا الاحتياج وعوامل انخفاض نسبة تملكه، فيما يتعلق بالاقتصاد الجزئي، فإننا نتوصل إلى أن العامل الأول هو سعر العقار المقبول لدى أسر الطبقة المتوسطة، وهو أعلى بكثير مما يمكن لمعدل دخل الأسرة المتوسطة سداده في فترة مناسبة لتلك الأسر. أما العامل الثاني فقد يتمثل بالثقافة المجتمعية التي رفعت من معايير قبول العقار. أي أن هناك أسرا في الطبقة المتوسطة لا تقبل بالإقامة في أحياء سكنية مأهولة بثقافة تختلف عن ثقافتها، بسبب اختلاف العادات أو التقاليد أو أساليب التواصل المجتمعي داخل تلك الأحياء. ولعل ما تزخر به وسائل التواصل الاجتماعي من تزوير وادعاء للثراء الفاحش المؤقت، والمظاهر المبهرجة الخداعة قد صنع ثقافة ترفع من تلك المعايير.

فعند تحليل العامل الأول يتضح لنا وجوب حل المعضلة دون الاستعانة بأدوات الاقتصاد الجزئي، من رفع معدل دخل الأسر ذوي الطبقة المتوسطة. والسبب وراء ذلك يكمن في أن تصرفا مماثلا لهذا سيسهم حتما في رفع معدل التضخم الذي سينتج عنه ارتفاع متزامن في أسعار العقارات. فبدلا عن ذلك يجب أن يكون الحل ناتجا من أدوات الاقتصاد الجزئي، كإقرار ضريبة على كل متر من عقارات الدولة للعقود الجديدة، بآلية تحددها الدراسات الإحصائية حول مدى تأثير تلك الضريبة على نسبة التملك، ومؤشر الرفاه ككل. كذلك، وفيما يتعلق بتحليل

العامل الأول، قد تكون مسألة شح الأراضي إحدى الأمور الأخرى التي تؤثر سلبا في نسبة تملك هذا الاحتياج. وبناء عليه، قد يكون زيادة المعروض من الأراضي حلا آخر يمكن اللجوء إليه. ولكن، كونه ضمن أدوات الاقتصاد الجزئي، فعلينا أن نتطرق إليه بعد الانتهاء من استخدام أدوات الاقتصاد الكلي – ضريبة العقار –، وذلك لتحقيق استدامة إيجابية في نسبة تملك الاحتياج ومؤشر الرفاه.

عقب ذلك، يمكن تحليل العامل الثاني والمتعلق بالثقافة المجتمعية؛ إذ تكون استراتيجيات الحلول مبنية على دراسات تحفز نشر الوعي المجتمعي السليم من خلال تقديم توصيات إلى مؤسسات الدولة لتبادر بدورها في تسويق من لهم دور فاعل في تحسين الثقافة المجتمعية بدلا عن الفئة المضللة بتزوير الثراء الفاحش، مما يصنع انخفاضا صريحا وواضحا في مؤشر الرفاه.

كان احتياج "تملك السكن المقبول لأسرة من الطبقة المتوسطة" مثالا عابرا، فهناك عديد من الاحتياجات الأساسية الأخرى. ولكل من تلك الاحتياجات حلولها التي تتبنى معالجتها أدوات كل من الاقتصادين؛ الجزئي والكلي. هنا يأتي دور دراسات هيئة الرفاه في سعيها لوضع منهجية تقوم بتحديد الأدوات السليمة التي ترفع من نسب كل تلك الاحتياجات، فلا شك من

أن الأدوات تختلف تباعا مع اختلاف الإحصائيات والدراسات من حالة لحالة أخرى.

رابعا، تقوم الهيئة بتحديد الأدوات وفقا لاستراتيجيات الاقتصاد الكلي، ومن ثم الجزئي التي ينتج عنها تقريب الطبقات من بعضها بعضا، على نحو يكون فيه تملك الاحتياجات التي تضعها الطبقة المتوسطة هو الأكثر جدوى إلى حد ما. ولتبسيط هذا الأمر نعود لمثالنا الذي تم طرحه سلفا، والذي قصد موضوع تملك العقار. في حال وجود ثلاثة عقارات؛ الأول في حي مأهول بأفراد الطبقة الثرية، والثاني في حي مأهول بأفراد الطبقة المتوسطة، والثالث في حي مأهول بأفراد من محدودي الدخل. وكمثال نفترض تطبيقه على مختلف العقارات الثلاثة، فإن الأدوات التي تشرعها تلك الهيئة تحدد افتراضا أن تكون الضريبة ١٠ دنانير لكل متر في الحي الأول، و٤ دنانير لكل متر في الحي الثاني، و٣ دنانير لكل متر في الحي الثالث. بناء على ذلك، فإن أعلى استفادة للفرد تتحقق فقط عند تملكه لعقار في حي الطبقة المتوسطة. وضعت تلك الأرقام لإيضاح المفهوم فقط، ولكن تحديدها بشكل مجد لرفع جدوى أدوات التقريب بين الطبقات يتطلب دراسة دورية لأسعار العقارات في جميع الأحياء، والقوة الشرائية، والتغيرات في نسبة التملك ومؤشر الرفاه. والأدوات، كما ذكرنا سابقا، تختلف من احتياج لآخر حسب ما يتم توافره في مؤسسات الدولة.

خامسا، تقوم الهيئة بتفعيل دور للمؤسسة التشريعية في حال تطلب الأمر قانونيا، ودفع مؤسسات الدولة للعمل في حال تطلب الأمر تعديلا على اللوائح الداخلية، بشكل تكاملي لا يتعارض مع استراتيجيات الرؤى الفرعية الأخرى، وبآليات قد تستدعي التأثير على الرأي العام من خلال استخدام موارد الدولة لرفع نسبة الوعي المجتمعي فيما يتعلق بمؤشر الرفاه وآليات رفعه.

كانت تلك استراتيجية عامة لمنهجية التعامل مع الأدوات فقط، التي تؤثر على ندرة جميع الاحتياجات من حولنا؛ كالمسكن، والمأكل، والمشرب، وكل الخدمات العامة من علم وثقافة. لماذا يستأجر المواطن مسكنا بقيمة ٦٠٠ د.ك. شهريا، ولمدة ١٥ عاما طوال فترة انتظاره لأرض حكومية وقرض بنك التسليف؟ ماذا عن تلك الإيجارات التي تم دفعها طوال فترة الـ ١٥ عاما؟ ماذا لو كانت تلك الإيجارات تسد ضريبة بقيمة ١٠٠٠ د.ك. سنويا لأرض يتملكها حالا بقرض بنكي، وشيدها بذلك القرض الحسن من قبل بنك التسليف؟

إنه دور استراتيجية «رفاه» لأن تحقق ذلك، ولكن في شتى ومختلف نواحي الحياة.

***

٩

– المحور التاسع –

استراتيجية «الاقتصاد المعرفي»

الكويت، ٤ أكتوبر ٢٠١٨

موجز المحور

يتوقف ارتفاع نسبة احتمالية أو جاذبية توظيف المواطن الكويتي في كل من «كويت المستقبل» و«كويت التحول» و «كويت الحاضر» على رغبة فعلية تقصد توظيفه بما يخدم أغراض القطاع الخاص وتطلعاته. وبما أن هدف القطاع الخاص يتمثل بتحقيق الربحية، فهذا يجعل المواطن في سعي دائم للتمتع بقدرات عالية وإنتاجية تنافسية قادرة على أن تتنافس مع معدل الكفاءة الإنتاجية لموظفي القطاع الخاص في المراكز التجارية الأخرى. وللتوضيح أكثر يمكننا اختصار ذلك على النحو الذي يكون فيه مؤشر «الكفاءة» الكويتي أعلى من نظيره في المراكز التجارية الأخرى عالميا.

ومما انتهت إليه جهود الأخوة من مركز التميز للإدارة في كلية العلوم الإدارية بجامعة الكويت فإننا نأتي باستراتيجية «الاقتصاد المعرفي»، وهي من الاستراتيجيات الأكثر إيجابية بتأثيرها في مؤشر «الكفاءة»، نظرا لما تحققه من إيجابية مطلوبة في معدل جاذبية توظيف المواطن الكويتي في اقتصادات متطورة وحديثة، من خلال تقديم توصيات تصب في خانة الإصلاح الحكومي، وتعمل على ترشيد العمل المؤسسي، وإصلاح البيئة الاقتصادية، والاستثمار في التنمية البشرية والتعليم.

* * *

في رؤية ينبثق من إطار تكوينها الأساسي السعي الحثيث لتحقيق هدف رئيسي بأن تكون دولة الكويت مركزا تجاريا وماليا، وذلك وفقا لتطبيق عمل استراتيجية «الاقتصاد الثلاثي» المتمثلة في كل من «كويت المستقبل» و«كويت التحول» و«كويت الحاضر». وفيما يتعلق بفرص العمل الوظيفية التي تتاح للمواطن الكويتي فإن الصورة قد لا تتضح بشكل كامل للبعض. وحرصا على تأكيد المعنى وتوضيح ما قد يلتبس على البعض فهمه، فقد وجب التفصيل به على نحو ما سنبين تاليا.

يغلب الظن عند كثير من الناس أن توجه الاقتصاد الكويتي من المغلق إلى المفتوح سيسهم في خفض احتمالية توظيف المواطن الكويتي، وذلك على الرغم من زيادة توافر الفرص الوظيفية في السوق، وبناء عليه ــ حسب وجهة نظر البعض ــ فإن الأمر قد يتطلب وجود قانون يلزم القطاع الخاص بتوظيف نسبة محددة من العمالة الكويتية.

هذا الأمر يعيدنا بالضبط إلى ما تم التطرق إليه في المحاور السابقة، عما أسهبنا الحديث به فيما يتعلق بمنهجية وضع حلول المشكلات. فمؤشر البطالة يقع ضمن مؤشرات الاقتصاد الكلي للدولة، ولا شك من أن التوطين ــ أي إلزام القطاع الخاص بتوظيف المواطنين بنسبة محددة من إجمالي موظفيها ــ يعد أحد الحلول التي يوصي بها الاقتصاد الجزئي، تماما كما أن الحل

الذي يوصي بالحد من ارتفاع أسعار السلع بهدف تحسين مؤشر الرفاه يعد ضمن مؤشرات الاقتصاد الكلي.

فما الغاية التي نسعى إلى بلوغها في نهاية المطاف؟ إن كانت تتمثل في تحويل دولة الكويت إلى مركز تجاري ومالي، فهذا الأمر يتطلب لأن يكون معدل أداء الاقتصاد الكويتي مضاهيا لمعدل أداء الاقتصادات في مراكز تجارية عالمية أخرى. وارتفاع هذا الأداء لا شك من أنه يتطلب كفاءة إنتاجية كبيرة قادرة على منافسة تلك الأسواق العالمية. فإذا ما فرضنا وجود تشريع يجبر القطاع الخاص في الكويت على توظيف المواطن، بأي نسبة كانت، حينها يتعذر على الكفاءة الإنتاجية أن تكون حجر الأساس لبيئة المال والأعمال في الاقتصاد الكويتي، وهذا، وبشكل عودي، سيكون له تأثير سلبي يتعارض مع استراتيجية «الاقتصاد الثلاثي» التي تسعى إلى تحقيق هدف تحويل الكويت إلى مركز تجاري ومالي. ليس ذلك وحسب، بل إن الأمر سيعود أثره كذلك، وبشكل عودي، على استراتيجية «صندوق جابر» التي تسعى لتحسين أداء السياسة الداخلية ورفع إجمالي الإيرادات غير النفطية إلى ٧٥٪ من إجمالي الإيرادات.

وعلى الرغم من أن ارتفاع جاذبية أو نسبة توظيف المواطن الكويتي أمر يصب صالحه في نهاية الأمر في مؤشر استراتيجية «رفاه» رافعا إياها، والتي تسعى بدورها إلى تحقيق هدف رفع مؤشر الرفاهية. فهنا يتمثل الأمر الجوهري والفيصل والحاسم

بأن لا يتعارض الأمر بتاتا مع الاستراتيجيات المحققة لأهداف أخرى، فيجب على ارتفاع تلك النسبة أو الجاذبية فيها أن يكون ضمنيا لنتيجة استراتيجيات أخرى تقع تحت جناح حلول الاقتصاد الكلي، وليس الجزئي عن طريق إلزام القطاع الخاص بنسب توظيف المواطن فيه.

والحلول في ذلك كثيرة، منها على سبيل المثال لا الحصر، السعي في تحقيق المساواة بين جاذبية توظيف المواطن وجاذبية توظيف الأجنبي بناء على معادلة اقتصادية تتضمن رفع رسوم العمالة الوافدة في حال تزامنت مع انخفاض القوة الشرائية لدى المواطن. لكن تلك الحلول، في الوقت نفسه، تتطلب بيئة مختلفة عن بيئة المال والأعمال في الاقتصاد الكويتي، والسبب في ذلك يتمثل في ارتفاع القدرة الشرائية لدى المواطن الكويتي، الأمر الذي يحتمل أن ينتج عنه ثبات ربحية القطاع الخاص إذا ما تم رفع الأسعار، كون القدرة الشرائية لدى المواطن الكويتي مرتفعة. ولكن الأمر يختلف مثلا في بيئة المال والأعمال المعمول بها في نطاق المملكة العربية السعودية. نتيجة لانخفاض القدرة الشرائية لدى المواطن السعودي، فإن ارتفاع رسوم العمالة الوافدة لم يؤد إلى انخفاض آخر في القدرة الشرائية لديه، وبالتالي توجب على القطاع الخاص خفض معدل الهامش الربحي الذي يجنيه، وذلك بغرض المحافظة على حصته السوقية. ونتيجة ذلك أن يسهم في تحقيق الهدف

المتمثل بزيادة نسبة أو جاذبية توظيف المواطن السعودي. فلو كان القرار في المملكة العربية السعودية متوقفا على هذا الحد لكان الأمر أكثر مهنية، ولكن بيئة المال والأعمال قد تعثرت بشكل ملحوظ نتيجة لتزامن هذا القرار مع قرار التوطين الذي كانت له آثار سلبية بسبب التبعات سالفة الذكر التي تم توضيحها بشكل تفصيلي.

٩-١: مؤشر «الكفاءة»

يجب على ارتفاع نسبة احتمالية أو جاذبية توظيف المواطن الكويتي أن يكون ناتجا عن رغبة حقيقية في توظيفه بما يخدم أغراض القطاع الخاص وتطلعاته. وبما أن القطاع الخاص يهدف إلى تحقيق الربحية، فهذا ما يجعل المواطن يسعى لأن يكون ذا قدرات وإنتاجية تكافئ بل وتتنافس مع معدل الكفاءة الإنتاجية لموظفي القطاع الخاص في المراكز التجارية الأخرى. أو بمعنى آخر، أن يكون مؤشر «الكفاءة» الكويتي مضاهيا لنظيره في المراكز التجارية الأخرى عالميا.

٩-٢: استراتيجية «الاقتصاد المعرفي»

هذه الاستراتيجية أستخلصها عن جهود مركز التميز للإدارة في كلية العلوم الإدارية بجامعة الكويت[٢٢]، نظرا لما تتمتع به من كونها من الاستراتيجيات الأكثر إيجابية بتأثيرها في مؤشر «الكفاءة».

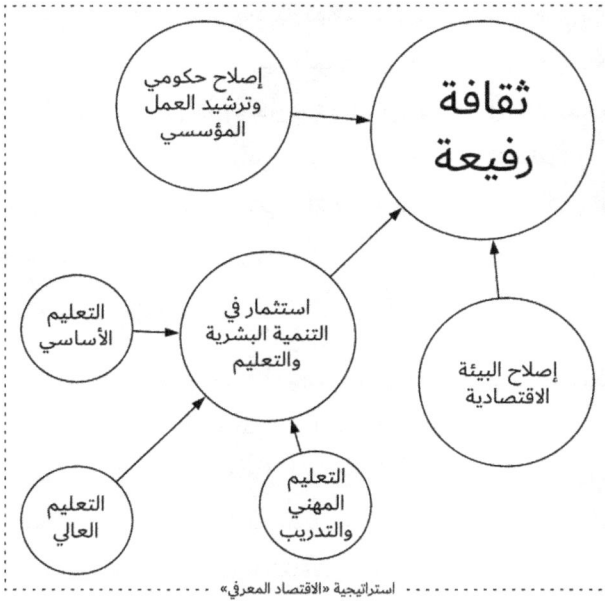

استراتيجية «الاقتصاد المعرفي»

٩-٢-١: أهمية الاقتصاد المعرفي [٢٢]

إن الاقتصاد المعرفي يعتمد اعتمادا رئيسيا على رأس المال المعرفي، الذي يرتبط في سعي الكفاءات البشرية لنيل المعارف واكتساب المواهب وجني المهارات الخاصة، بمختلف الأساليب الإبداعية التي تؤهل للإبداع والابتكار وتحقيق التنافسية والإنتاجية بقيمة مضافة. وبذلك نتوصل إلى حلقة إنتاج عالية الكفاءة، ترفع من سقف المنافسة بين الشركات، وتحثها على تحقيق أهدافها ونجاحاتها في ظل بيئة اقتصادية ومؤسساتية

محفزة. فمفهوم المعرفة يشكل محورا بالغ الأهمية فيما يتعلق بهذا الاقتصاد، وذلك لدوره في دعم الابتكارات التي تعتمد على تكنولوجيا المعلومات والاتصالات، هذه الابتكارات التي تساعد في تطوير العملية الإنتاجية، وبالتالي زيادة النمو الاقتصادي في الدولة.

وبذلك يأتي اقتصاد المعرفة بديلا ذا قيمة مضافة عن الاقتصاد التقليدي، كونه يرتكز على أسس ويعتمد على منهجيات نوعية تمكنه من تحويل الاقتصاد إلى اقتصاد كفء قادر على خوض المنافسة بأعلى المعايير. ويتمثل الفرق بين كل من البديلين في أن اقتصاد المعرفة يقوم على إنتاج المعلومات واستغلالها كمحرك أساس يعمل الاقتصاد وفقا له، بينما يعتمد الاقتصاد التقليدي على قاعدة توظيف كل من الموارد الطبيعية ومصادر الطاقة الحيوية في عمليات الإنتاج بغرض تحقيق نمو اقتصادي للدولة.

وكما تشير عديد من الدراسات العلمية والمستمدة من تجارب واقعية في شتى أنحاء العالم من نتائج، فقد حدد البنك الدولي إطارا نظريا عاما يحتوي على أربع ركائز أساسية يجب العمل على تطويرها؛ لتحقيق الانتقال والتحول إلى اقتصاد المعرفة في أي دولة كانت بما يكفل رفع معدل القدرة التنافسية لاقتصادها. ولبلوغ هذا المرام ونيل هذا النجاح فلا بد من تركيز جهود السياسات الحكومية وتوحيدها في سبيل تأهيل وتحفيز

بيئة مهيئة تسهم في الانتقال إلى فاعلية استخدام المعرفة في التنمية الاقتصادية، وتتمثل الركائز بالآتي:

– نظام اقتصاد بمنهجية مؤسسية، تساعد على التحفيز وشحذ الهمم لتوظيف المعرفة القائمة والجديدة في أدوار فاعلة تنمي روح المبادرة. يعتمد ذلك على دور النظام المؤسسي في الدولة، وما يقوم به من دور في إنتاج الحوافز الاقتصادية مستهدفا بذلك المشروعات التي تقوم وتعتمد بشكل أساسي على المعرفة محفزا إياها، ومثال ذلك: سعيه في تسهيل عمليات التمويل، ودعم التشريعات اللازمة لمرونة العمل، ومحاربة كل من البيروقراطية والفساد المتفشية في أجهزة الدولة، في سبيل خلق مناخ صحي يكفل نموا مزدهرا لاقتصاد المعرفة.

–نظام تعليمي مهيأ لإنتاج طاقة عمل بمهارة عن طريق المعرفة وخلقها وتبادلها بفعالية تامة. فيعد الاهتمام والعناية بالتعليم بدرجاته المختلفة؛ من التعليم الأساسي، والتعليم العالي، والتدريب المهني على التقنية، أمرا رئيسيا وركيزة بالغة الأهمية في اقتصاد المعرفة. فالجدير بالذكر أن التعليم الأساسي يشكل حجر أساس في المستويات الأولى من عملية الانتقال نحو الاقتصاد المعرفي، ويكمل التعليم العالي دوره معه في ضمانه لاستمرارية الوصول إلى اقتصاد المعرفة.

−نظام ابتكار فاعل، يخدم كلا من الشركات ومراكز البحث والجامعات ويكفل لهم الاستفادة التامة من مخزون المعرفة. ويد واحدة لا تصفق! لذلك يستوجب أن يتم دعم جهود تلك الجهات وتأكيد نيلها واستفادتها من المخزون المعرفي العالمي، فيما يلبي خدمة الاحتياجات المحلية، إضافة إلى ذلك فلا بد من نشر النشاط البحثي سعيا إلى توليد المعرفة التقنية الحديثة، كما يجب النظر في السبل الممكنة للاستفادة من الفرص التي يمكن كسبها من عمليات استقطاب الاستثمارات الأجنبية التي تعتمد على محورين؛ المعرفة وتوطين التقنية.

−بنية تحتية صلبة لحقلي تقنية المعلومات والاتصالات التي تسهم بدورها في إنتاج المعلومات واستخدامها وتبادلها بكل فاعلية وبسهولة مطلقة. تركز هذه البنية على الاستثمار في شبكات الهاتف الثابت والمتنقل، وشبكات الإنترنت المنتشرة على نطاق واسع، مساهمة بذلك في تسهيل الوصول للمعلومة وتخفيض كلفة الحصول عليها، وذلك عن طريق استخدام التطبيقات الإلكترونية في التجارة الإلكترونية والحكومة الإلكترونية والتعليم الإلكتروني.

وتأتي الدراسات العلمية التي تعتمد وتبنى على بيانات إحصائية تستقي فحواها من شتى أنحاء العالم، مؤكدة من وجود علاقة ذات ارتباط سببي بين كل من الاستثمار في الاقتصاد المعرفي والنمو الاقتصادي للدول. كما توضح تلك

الدراسات من قيام الدول الرائدة في التنمية الاقتصادية بالاستثمار بشكل فعلي في شتى الاستراتيجيات التي تستهدف تطوير وتحسين نظم التعليم والتدريب والبنية التحتية المعلوماتية، وتدعم سياسات الابتكار والإبداع، ناهيك عن عملها على تهيئة وتحسين الإطار الاقتصادي والمؤسسي في الدولة ككل، فقد كفلت بذلك دور المعرفة وجعلتها تؤدي دورا فاعلا ترتكز عليه حفاظا على تنافسيتها الاقتصادية، حتى بلوغها لتكون محركا أساسيا يدفع عجلة النمو الاقتصادي.

٩-٢-٢: التوصيات

٩-٢-٢-١: أولا - الإصلاح الحكومي وترشيد العمل المؤسسي[٢٢]

تتمتع دولة الكويت ببيئة تشجع التحول نحو اقتصاد المعرفة، وتمهد طريقا سالكة له، نظرا لما تتميز به من توافر مناخ الحريات الدستورية، والممارسات الديمقراطية المتأصلة في المجتمع، والثقافة، إضافة إلى العمليات الرقابية التي تتم ممارستها من قبل مختلف أجهزة الدولة التابعة للسلطتين؛ التشريعية والتنفيذية، موفرة ضمانات بقدر عالٍ من الشفافية، لمواجهة الترهل الحكومي والتوسع المتشعب في الأجهزة الحكومية، وما ينتج عنه من فساد وقصور تشريعي، الذي بدوره يشكل معوقا يقلل من قدرة الدولة على التحول للاقتصاد المعرفي. ويعد إصلاح مؤسسات الدولة والتقليل من العمل

المؤسسي فيها سبيلا لخلق مناخ يناسب نمو اقتصاد المعرفة، ويحسن تنافسية الاقتصاد الكويتي بشكل يحقق فعاليتها وكفاءتها القيادية في عملية التحول لنظرة مستقبلية واضحة، مما يدعو إلى العمل بمبادئ الحوكمة في العمل الحكومي، كتبني قيم الشفافية والنزاهة والكفاءة والمساءلة، بأخذ كل مما يلي في الحسبان:

– أن يكون التحول إلى اقتصاد المعرفة يمثل مرجعية التطوير والترشيد للإدارة الحكومية، من خلال إجراء التعديلات الجوهرية على خطط التنمية ذات الأجل المتوسط وبرامج عمل الحكومة، بطريقة تضمن تمحور اقتصاد المعرفة في عمليات تحويل دولة الكويت إلى مركز تجاري ومالي رائد.

– السعي الحثيث في تحقيق الإصلاح على نطاق الإدارة الحكومية، وذلك لغرض إنتاج إدارة يمكنها التعامل مع الرؤية المستقبلية للاقتصاد الكويتي تحت ظل التحول إلى اقتصاد المعرفة، من خلال تطبيق مبادئ الكفاءة وقياس الأداء في التعيينات والترقيات، وبشكل مركز في المناصب القيادية، إضافة إلى ضرورة تطبيق مبادئ المحاسبة، والمكافآت والجزاءات، لنتمكن من ضبط مواطن القصور في أداء أجهزة الدولة.

– تقليص حجم الإدارات الحكومية، وما يتشعب منها من منظمات بهدف تبسيط الإجراءات الروتينية، ولتحقيق ذلك لابد من دمج الكيانات الحكومية ذات الاختصاصات المتشابهة،

بطريقة لا تضر بفاعلية عملها بل تمكنها من تقديم الخدمات بكفاءة أكبر، إضافة إلى ضرورة تقليص حجم العاملين بصورة فاعلة وآلية دقيقة تأخذ في الحسبان الاعتبارات الاجتماعية، والقدرات المالية للدولة على المدى المتوسط والبعيد.

– التقليل من الممارسات البرلمانية بآلية تسهم في المحافظة على كل من النزاهة والشفافية وعدم تضارب المصالح في العمل الحكومي، مع مراعاة عدم التفريط في الرقابة وتقديم المصالح الفئوية والحزبية، الأمر الذي يؤثر سلبا في الأداء الحكومي مقللا من كفاءته.

– التزام السلطة التنفيذية بالحزم في تطبيق مبادئ الشفافية والنزاهة، مفعلة بذلك معايير محاربة الفساد، ومطورة لآليات المرونة اللازمة للرقابة على أداء الأجهزة الحكومية، لخلق بيئة صحية لنمو الاقتصاد المعرفي.

– تفعيل الحكومة الإلكترونية بتطوير خدماتها، والحث على العمل بها؛ لما لذلك من منافع جمة تسهل وتختصر إجراءات العمل خصوصا فيما يتعلق بالشركات المحلية والدولية؛ كالتراخيص، والإجراءات المرتبطة بالعمليات، والعمالة الماهرة.

– الشراكة الفاعلة بين الأجهزة الحكومية والقطاع الخاص ومنظمات المجتمع المدني، بآليات عمل مناسبة تسهم في تشكيل رابطة عمل متناغمة مؤهلة لقيادة عملية الانتقال إلى

الاقتصاد المعرفي، ساعية إلى تشجيع التفاعل بين المؤسسات العلمية والمشاريع الإنتاجية، ومفعلة جهودها لزيادة الوعي المجتمعي.

– تحفيز الجهات الحكومية بتوفير معلومات عملها ونشرها إلكترونيا، سعيا لخدمة مختلف الجهات التي يحتمل استفادتها من تلك البيانات بما يخدم عملية التحول لاقتصاد المعرفة.

– رفع نسبة الاستثمار في الربط الإلكتروني للجهات الحكومية بعضها ببعض، والعمل على توحيد معايير القياس لنظم المعلومات الإلكترونية فيها، وتطوير عملية المراسلة الإلكترونية فيما بينها.

– اقتراح تشريعات جديدة وتطوير التشريعات الحالية، بما يهيئ البنية القانونية اللازمة لعملية التحول لاقتصاد المعرفة، ومثال ذلك؛ القوانين المتعلقة بحقوق الملكية الفكرية، وتسجيل براءات الاختراع، وقوانين حماية المنافسة، والاستثمار الأجنبي المباشر، وتمويل المشاريع الريادية، وتشجيع المبادرات والإبداع.

– الفاعلية في إقرار التشريعات، وذلك بالمسارعة إلى تطبيقها بما يساعد في تعزيز مبادئ الشفافية، ويقلل كلا من ثغرات الفساد، واستغلال السلطة بشكل سيئ في الأجهزة الحكومية، كالعمل على مشاريع القوانين المتعلقة بتعارض المصالح، وحماية المبلّغ وضمان حق الاطلاع.

– العمل على مراجعة واقع القيود المحاسبية والمالية الواردة في التشريعات التي تعرقل قدرة مؤسسات الدولة في توجيه مواردها إلى أنشطة اقتصاد المعرفة، والتأكد من التطابق بين كل من نصوص التشريعات القائمة وما تقوم به الجهات الرقابية بالدولة من تطبيقات عملية لتلك النصوص، بما يضمن توافر المرونة التي تكفل انطلاق أنشطة الإبداع والابتكار.

٩-٢-٢-٢: ثانيا – إصلاح البيئة الاقتصادية[٢٢]

إن وجود الأسواق الحرة والانفتاح على التجارة الخارجية يجعل من الكويت دولة تمتلك القاعدة الأساسية للتحول نحو اقتصاد المعرفة. ويعد العمل بشكل حقيقي لإدخال إصلاحات جذرية على البيئة الاقتصادية بدولة الكويت أمرا بالغ الأهمية في سبيل تطوير قدرة الاقتصاد المحلي على التجاوب مع المتغيرات والتحديات، ويرتبط هذا التوجه نحو الإصلاح الاقتصادي بصورة أكبر في ظل الحاجة لاستيفاء المتطلبات الأساسية للاقتصاد المعرفي، مثل تمكين القطاع الخاص بالقيام بدوره، من خلال توظيف كافة الحوافز الاقتصادية المتاحة لتوجيه قطاع الأعمال إلى تبني أنشطة تتناغم مع توجه الدولة نحو اقتصاد المعرفة، مثال هذه التوصيات ما يلي:

– الحفاظ على فتح الأسواق المحلية والانفتاح على التجارة الخارجية، إضافة إلى تشجيع تنمية الواردات المرتبطة

بالاقتصاد المعرفي للصناعات المحلية، مثل وسائل الإنتاج المعتمدة على استخدام التكنولوجيا المتقدمة من خلال التسهيلات الجمركية والإعفاءات الضريبية.

– ضمان توافر الحوافز الاقتصادية؛ من إعفاءات ضريبية ورسوم جمركية، وتوفير الأراضي اللازمة لاستقطاب الشركات الأجنبية التي تعمل في قطاعات تدعم الانتقال إلى الاقتصاد المعرفي؛ كتكنولوجيا المعلومات، والاتصالات، والتقنيات الحديثة.

– إنشاء مؤسسات التمويل الحكومي، والعمل على تشجيع مؤسسات التمويل الخاصة لتقديم الدعم لكل من المبادرات والمشاريع الابتكارية وأنشطة البحث والتطوير، نظرا لتعذر بناء اقتصاد معرفي في ظل عدم توافر التمويل الكافي.

– تطوير عدد محدد من الصناعات المحلية القائمة فعليا، وذلك بالتركيز عليها عن طريق تفعيل آليات الاقتصاد المعرفي لها، والانطلاق بها إلى الخارج، والعمل على ضمان تنافسيتها عالميا. يتحقق ذلك من خلال إنشاء المناطق الاختصاصية العاملة على تجميع المشاريع الصناعية المتشابهة في منطقة جغرافية واحدة، الأمر الذي يسهم في تحسين فرص الابتكار والإنتاجية وزيادة التنافسية، كما يمكن التركيز على تطوير بعض الأنشطة الاقتصادية القائمة فعليا

من خلال اقتصاد المعرفة مثل: (١) الخدمات المرتبطة بالمعلوماتية وتقنيات الاتصالات، (٢) الخدمات المالية التقليدية والإسلامية، (٣) صناعات البتروكيماويات، (٤) النقل والخدمات اللوجستية.

– تخصيص جزء من موارد الدولة المالية من الاحتياطي العام واحتياطي الأجيال القادمة بتوجيهه للاستثمار في الشركات الرائدة عالميا في مجال تكنولوجيا المعلومات والاتصالات، مما يحقق عوائد مالية تقلل من الاعتماد على البترول كمصدر رئيسي للدخل، كما أنها تساعد في نقل التكنولوجيا الحديثة إلى المشاريع الإنتاجية المحلية مساهمة في دعم النمو الاقتصادي والانتقال لاقتصاد المعرفة. إضافة إلى توفير مساحة كافية لمراكز الأبحاث المحلية وطلبة الدراسات العليا في مجالات الهندسة والعلوم مستفيدة من خبراتهم العلمية، ومفعلة لمختبرات البحث والتطوير في تلك الشركات.

–التحقق من قيام الشركات التابعة لمؤسسة البترول الكويتية بإعادة صياغة استراتيجية استثماراتها، لتتجه في مجمل أهدافها للتركيز على اقتصاد المعرفة، من خلال استفادتها من الشركات الأجنبية التي تستثمر في مشاريعها، والتي تسهم بذلك في نقل التكنولوجيا العالية إلى الكويت،

إضافة إلى تدريب الكوادر الوطنية، وتوفير الفرص التعليمية، وإنشاء مراكز البحوث والحاضنات التكنولوجية.

– تخصيص جزء من الموارد المالية لمؤسسة البترول الكويتية والشركات التابعة للاستثمار في اقتصاد المعرفة مباشرة، وبصورة تسهم في تحفيز عمليات البحث والتطوير الذاتية، والعمل على تطوير أبحاث مصادر الطاقة البديلة، كالتي تتعلق بأبحاث الطاقة الشمسية المتوقع أن يكون لها مستقبل بالتنمية المستدامة بدولة الكويت.

– احتضان الابتكارات والمبادرات والمشاريع الريادية الصغيرة ومتناهية الصغر ودعمها، بتوفير التسهيلات القانونية والمالية والضريبية التي يمكن أن تقدمها أجهزة دعم الابتكار في الدولة؛ لتسهيل حصولها على التكنولوجيا اللازمة التي تطور أعمالها.

– توفير التسهيلات اللازمة لشركات الاتصالات المتنقلة، مما يسهم في تطوير شبكتها، وضمان رفع كفاءتها في توفير خدمات الاتصالات ونقل المعلومات، بالهواتف النقالة وأجهزة بث موجات الإنترنت المتنقلة، بشكل لا يتعارض مع المحافظة على التنافسية فيما بينها بآليات السوق العاملة.

– تفعيل الشراكة بين الأجهزة الحكومية ذات الاختصاص مع شركات الاتصالات، من خلال تقديم الحوافز المالية وتوفير آليات التمويل ذات المرونة؛ مما يحفز شركات الاتصالات على

الاستثمار في عمليات البحث والتطوير الذاتي وإطلاق الابتكارات، واستقطاب أحدث التقنيات العالمية في مجال تكنولوجيا الاتصالات والمعلومات والخدمات المبتكرة.

- خفض تكلفة استخدام تكنولوجيا الاتصالات والمعلومات، لتوفيرها بشكل أكبر للشركات والأفراد، عن طريق تخفيض الضرائب والرسوم التي تفرضها أجهزة الدولة على شركات الاتصالات مما يؤثر على تكلفة استخدام شبكة الاتصالات من قبل المستخدمين النهائيين.

٩-٢-٢-٣: ثالثا - الاستثمار في التنمية البشرية والتعليم[٢٢]

يعد المحصل العلمي أحد الركائز الرئيسية في تكوين رأس المال المعرفي، لما يضمنه من توفير التعليم الأساسي والمالي والفني بجودة عالية، مما يحقق القدرة على خلق المعرفة وتبادلها واستخدامها بفاعلية تضمن الابتكار والتطوير والمنافسة. وعلى الرغم من الإنفاق المتزايد على التعليم في دولة الكويت، إلا أن مخرجاته لا تعد قادرة على إعداد العنصر البشري المؤهل لتحقيق الريادة في الإبداع والابتكار، وأحد مؤشرات ذلك نتائج أداء الطلبة الكويتيين في الاختبارات الدولية القياسية. ومما لا شك فيه أن عملية تحسين تنافسية الاقتصاد الكويتي يجب أن ترتكز على ثلاث ركائز أساسية فيما يخص التنمية البشرية، لبلوغ غايتها نحو

اقتصاد المعرفة، وتتمثل في كل من: التعليم الأساسي، والتعليم العالي، والتعليم المهني والتدريب.

٩-٢-٢-٣-١: التعليم الأساسي

يواجه التعليم الأساسي في دولة الكويت معضلة تتمثل بضعف المخرجات، ويعود ذلك إلى وجود بعض الاختلالات في المناهج الدراسية القائمة أساسا على الجوانب النظرية، والحشو، وأساليب التدريس التقليدية؛ كالتلقين والحفظ، وإهمال التدريب والتطوير الذاتي للمعلم، إضافة إلى عدم وجود رؤية استراتيجية تحدد الهدف من النظام التعليمي. وتبعا لكل هذه المعطيات فلا بد من العمل بما يلي:

– تبني استراتيجية واضحة الأهداف للنظام التعليمي تسعى إلى إعداد جيل رائد قادر على بلوغ مرحلة اقتصاد المعرفة، بما تحتويه تلك الاستراتيجية من تطوير كل من المناهج وطرق التدريس وزيادة كفاءة المعلمين، بشكل يضمن رعاية المواهب وتحفيز الطاقات الإبداعية.

– العمل على تطوير جودة النظام التعليمي، بتطبيق أنظمة التعليم الحديثة عالميا تبعا لأعلى المعايير دوليا، آخذين في عين الاعتبار تجارب الدول الأخرى للاستفادة منها بما يلائم ثقافة البيئة المحلية.

– تبني المواهب والمهارات الابتكارية وتنميتها في مراحل التعليم الأولى، بتأسيس أجيال ناشئة على التفكير الحر واكتساب المعرفة، والسعي في الابتكار والنفور من النمطية، والإلمام الكامل بطرق التعامل مع مصادر المعرفة الإلكترونية، وتشجيع البحث العلمي، ومعالجة الأمور من زوايا مختلفة بعيدة عن الأنماط التقليدية.

– تكثيف ساعات الدراسة لمقررات العلوم والرياضيات والحاسب الآلي واللغات في الخطط الدراسية، إضافة إلى ضرورة تطوير محتوى الكتاب المدرسي؛ ليتوافق مع منهجية الدول المتقدمة بما يتزامن كذلك مع التطورات الحديثة عالميا، والسعي الحثيث في تطوير أساليب التحصيل في تلك المقررات بالتحديد، وتحسين عملية قياس الأداء فيها على مستوى الطلبة.

– الابتعاد عن أساليب التعليم النمطية بالتوجه إلى الأساليب الحديثة التي تقوم على التفاعل، والتحفيز على المشاركة والتعليم الذاتي، وتطوير المهارات في مجالات التفكير النقدي والمعرفة التطبيقية، وتفعيل أساليب التواصل مع الآخرين، وبناء الاستنتاجات وطرق حل المشكلات.

– رفع نسبة الاستثمار في استخدام الوسائل التكنولوجية، وزيادة كل من الساعات الدراسية للتعليم الإلكتروني، واستخدام

الطالب للحاسب الآلي، وتسخير الأجهزة الذكية في سبيل حصول الطالب على المعلومات، لاستخدامها في الأغراض التعليمية.

– نظرا لأهمية توافر العلماء والمهندسين، تأتي ضرورة تأسيس مجمع للمواهب كأحد أهم المرتكزات الأساسية التي تسعى إلى تنمية مجالي البحث والتطوير، كما يجب تنمية قدرات المتميزين في تطبيق مبادئ العلوم والهندسة في مراحل مبكرة من حياتهم التعليمية؛ لضمان استمرار توافر العلماء والمهندسين.

– تطبيق نظام رخصة التعليم القائمة على تعيين الكفاءات التربوية، وذلك من خلال إعادة النظر في سياسات التعيين لكافة مخرجات كلية التربية، ونظم الترقيات للمعلمين، والتركيز على قدرة المعلم على تنمية مهاراته ومعارفه.

٩-٢-٢-٣-٢: التعليم العالي

يساعد التعليم العالي بصورة أساسية في صقل المعارف والمهارات لرأس المال البشري، الأمر الذي يسهم في تنمية جوانب الإبداع والابتكار لدى المخرجات المتجهة لسوق العمل، هذا ويعتمد اقتصاد المعرفة بشكل جوهري على مدى تميز مخرجات التعليم العالي؛ وعلى وجه الخصوص في مجالات العلوم والهندسة – نظرا لمساهمتها في خلق الابتكارات والاختراعات –.

وبالرغم من ارتفاع تكاليف إنفاق دولة الكويت على التعليم العالي، والمتمثل بنفقات جامعة الكويت والبعثات الدراسية الداخلية والخارجية، إلا أن مخرجات التعليم لا تتلاءم مع احتياج سوق العمل ومعايير الاقتصاد المعرفي؛ نظرا لغياب الرؤية الواضحة لأهداف ذلك الإنفاق، مما يؤدي إلى تشتيت الجهود وتبديد الموارد، لذلك يجب أن يتم العمل على نقاط عديدة منها:

– توفير الحوافز والتسهيلات اللازمة لاستقطاب فروع الجامعات العالمية، الرائدة في مجالات الأبحاث والتطوير، خاصة المتعلقة بتكنولوجيا المعلومات والاتصالات، وذلك للاستفادة من خبراتها في تنشيط البحث العلمي، واستغلال معرفتها العميقة في قطاع الأعمال عن طريق تطوير ارتباط المراكز البحثية بالأنشطة الإنتاجية.

– تحفيز القطاع الخاص وتشجيعه على تمويل مراكز الأبحاث، ودعم مشاريع البحث العلمي، وكل ما يتعلق بالإبداع والابتكار في المؤسسات العلمية والأكاديمية، خصوصا ما يرتبط منها مباشرة بمجالات الاقتصاد المعرفي، إضافة إلى توفير الحوافز الضرورية للقطاع الخاص بشكل يضمن إسهامه التطوعي بتمويل الأنشطة الذاتية في البحث والتطوير، والعمل على ربطها بالمراكز العلمية.

– تطوير البرامج الأكاديمية على نطاق الكليات الحكومية، وكذلك مساعدة الجامعات الخاصة على تطوير برامجها في مجالات العلوم والهندسة والتخصصات الأخرى المرتبطة باقتصاد المعرفة، على نحو يحقق تركيزا أكبر على التطبيقات العلمية في الجوانب النظرية، والعمل على تكثيف ربط الطلبة بأحدث ما توصلت إليه التكنولوجيا العالمية، والسعي في تأصيل مهارات استخدام الكمبيوتر والأجهزة الذكية في التطبيقات المذكورة أعلاه.

– التركيز على ابتعاث الطلبة في تخصصات الهندسة والعلوم والرياضيات وتكنولوجيا المعلومات والاتصالات، والريادة في إدارة الأعمال، وتطوير خطط الابتعاث الخارجية باستهداف الدول الرائدة في مجال الاقتصاد المعرفي.

– توفير المنح الدراسية للطلبة الأجانب المتميزين من الدول الصناعية والدول الرائدة في مجال الاقتصاد المعرفي في الجامعات المحلية، والعمل على ضمان توطينهم وظيفيا بعد التخرج في القطاع الخاص.

– العمل على رفع معايير نظام ضبط جودة التعليم الجامعي بتطوير آلياته، بشكل يكفل تركيز كل من الجامعات الخاصة والحكومية على المناهج التطبيقية الحديثة، وتكنولوجيا المعلومات، والاتصالات، وتحفيز الابتكار والإبداع؛ لرفع جودة مخرجات التعليم.

–إقامة شراكات بحثية بين الجامعات والمراكز البحثية بدولة الكويت، والجامعات والمراكز البحثية المتميزة عالميا، خاصة من الدول الرائدة في الاقتصاد المعرفي؛ للانتفاع من خبراتها في المجالات التي ترتبط باقتصاد المعرفة.

– التشجيع على تأسيس كيانات جامعية جديدة تقدم التخصصات المطلوبة لاقتصاد المعرفة، كما تسهل استقطاب أعضاء هيئة تدريس متميزين أكاديميا للعمل فيها، وبالتالي تكون قادرة على تقديم مخرجات لسوق العمل ذات كفاءة عالية، مهيئة للتحول نحو اقتصاد المعرفة، إضافة إلى مساهمتها – أي تلك الجامعات – في تنشيط حركة البحث العلمي ومجالات التطوير والابتكار، ومشاركتها الملموسة في تدريب الكوادر العاملة، وعقد الشراكات مع المؤسسات العلمية محليا ودوليا.

– توفير كل ما يتطلب لضمان استمرار حركة الاختراع والابتكار والبحث والتطوير، كتوفير الحوافز المناسبة التي تهدف إلى تشجيع المهندسين والعلماء على صقل وتطوير قدراتهم لتحقيق التميز العلمي، واستحداث الحواضن التكنولوجية؛ نظرا لما في ذلك من أهمية بالغة بوصفها أبرز المتطلبات الأساسية لتنمية الابتكار والإبداع.

– تطوير العنصر البشري الوطني من خلال تقديم برامج تأهيل مكثفة في بعض مجالات التطبيقات التكنولوجية الحديثة، والتي يشهد لها بالمستقبل الواعد؛ كتكنولوجيا النانو والذكاء الصناعي، مما يساعد في الرفع من قدرات الموارد البشرية، وتحقيق الانتفاع من المعرفة المتقدمة.

– العمل على زيادة الاهتمام بالمبتكرين والمخترعين من قبل الدولة، وذلك عن طريق تقديم الحوافز المالية والجوائز التشجيعية المجزية لهم، إضافة إلى توفير الحوافز المعنوية؛ كإعطائهم ميزة وتفضيل في إنجاز المعاملات في الجهات الرسمية.

– تشجيع الشركات الأجنبية العاملة في الدولة على تخصيص نسبة من أرباحها لدعم البحث العلمي والمؤسسات العلمية المحلية، والاستفادة من خبراتها الفنية في إنشاء الحاضنات العلمية للباحثين، ومنح البعثات الدراسية الداخلية للطلبة الأجانب المتميزين، والبعثات الخارجية للطلبة الكويتيين لتبادل المعارف.

– رفع معدل الإنفاق العام المخصص لدعم البحث العلمي المحلي في المجالات المرتبطة باقتصاد المعرفة، وفقا لما يتناسب مع المستويات الدولية، والعمل على إعادة صياغة معايير التمويل الخاصة به من قبل أجهزة

الدولة، كمؤسسة الكويت للتقدم العلمي، بشكل يساعد في التركيز على دعم الأبحاث التي ترتبط باقتصاد المعرفة.

٩-٢-٢-٣-٣: التعليم المهني والتدريب

اهتمت الدولة بالتعليم المهني منذ ثمانينيات القرن الماضي، وعلى الرغم من وجود آلاف المهنيين من خريجي الكليات التطبيقية والمعاهد المهنية التي قدمت لخريجيها برامج مكثفة في التأهيل المهني، إلا أن تلك المخرجات لم تعد كافية للانتقال نحو اقتصاد المعرفة. ولضمان الانتقال إلى اقتصاد المعرفة يستوجب وجود أساس بشري مؤهل، يكون على درجة عالية من المهارة والتأهيل الفني والتقني، فعملية التدريب لموظفي الدولة تعاني من القصور؛ نظرا لتدني كفاءة البرامج التدريبية، إضافة إلى عدم وجود معاهد عالية الجودة ذات اختصاص دقيق تقدم البرامج التدريبية الفاعلة للعاملين في القطاعين؛ الخاص والعام، ناهيك عن عدم وجود رؤية وطنية واضحة على مستوى الدولة، أو على مستوى مؤسساتها فيما يخص الهدف من عمليات التدريب. وتبعا لذلك، فلا بد من أخذ كل مما يلي في عين الاعتبار:

- رؤية واضحة فيما يتعلق بدور الكليات التطبيقية والمعاهد المهنية، بالصورة التي تضمن تطوير برامجها لتتناسب مع متطلبات الاقتصاد المعرفي، منتقلة بذلك من عملية توفير العمالة الفنية التقليدية التي يحتاجها سوق العمل إلى خلق

رأس مال بشري قادر على تحقيق الانتقال إلى اقتصاد المعرفة، بكفاءات وطاقات ذات مهارات فنية وتقنية عالية، وقابلية للإبداع والابتكار، خصوصا في المجالات التي ترتبط بعمليات إنتاج المعرفة وتبادلها واستخدامها، وتخدم القاعدة الصناعية لتكنولوجيا المعلومات والاتصالات.

– تفعيل الشراكة بين كل من الكليات التطبيقية والمعاهد المهنية بمؤسسات القطاع الخاص والمشاريع الإنتاجية، وذلك من أجل تحسين الارتباط بين مخرجات المؤسسات التعليمية واحتياج واقع سوق العمل، إضافة إلى توفير الحوافز وفرص التدريب العملي في المؤسسات العامة والخاصة.

– العمل على إعادة صياغة الرؤية الحكومية، وذلك بغية توجيه التدريب بكفاءة أكبر تقوم بخدمة عملية التحول لاقتصاد المعرفة. ويتحقق ذلك بالتركيز على تطوير معارف الموارد البشرية ومهاراتها في مجالات التقنيات العالية وتكنولوجيا المعلومات والاتصالات، والسعي في تحسين مهارات الأفراد بما يحفز لديهم الإبداع والابتكار، والتفكير الناقد والقدرة على حل المشكلات.

– تطوير الآلية المتعلقة برخص المعاهد التدريبية، بتحديد معايير تكفل جودة البرامج التي تقدمها، وسن آليات الرقابة اللازمة بمتابعة برامجها، بشكل يضمن استمرارية جودة مخرجاتها.

– العمل على تأصيل تقييم أداء العاملين، بتتبع التطور الناشئ في قدراتهم ومعارفهم ومهاراتهم الناتجة من البرامج التدريبية التي يلتحقون بها، الأمر الذي يلزم بضرورة إيجاد آلية لقياس مدى انتفاع المتدرب من البرنامج التدريبي، إضافة إلى ضرورة تدريب الحاصلين على تقييم متدن في البرامج التدريبية من جديد، وربط نتائج ذلك بتقييم الأداء السنوي الخاص بهم في مختلف جهات العمل.

* * *

١٠

– المحور العاشر –

اللهم إني قد بلغت، اللهم فاشهد

الكويت، ٦ أكتوبر ٢٠١٨

موجز المحور

إن مبادرتنا المتمثلة برؤية «كويت الاستدامة» لا تدعي الإتيان بحلول لجميع إشكالات الاقتصاد الجزئي والسلوك التنظيمي والفساد الإداري والمالي والسياسي. ولكنها، نقطة بداية، وقطرة من غيث نرقب وابله، وهي على صعيد الاقتصاد الكلي قادرة على التهام تلك القضايا، ووضع أنجح الآليات التي تعمل على تحسين منهجية اتخاذ القرار، في كل ما يتعلق برسم أفق الأهداف سالفة الذكر واستراتيجيات تحقيقها.

* * *

إذا ما كان هناك ارتفاع حاد في التضخم نتيجة لوفرة مالية في السوق المحلي، فمن المنطقي أن يكون قرار البنك المركزي برفع الفائدة السنوية قرارا صائبا، حين تكون نسبة الفائدة الجديدة هي ما يحقق أفضل تأثير في مؤشر الرفاه. ولا شك من أن قرار خفض رواتب موظفي القطاع الحكومي، وخفض الدعم المقدم لموظفي القطاع الخاص، سيكون أكثر منطقية متى ما كان تزامنه مع رفع

الفائدة يحقق نتيجة أفضل من الأولى بمقارنة تأثيره في مؤشر الرفاه.

هذا وتعد المنطقية أمرا مسلما به فيما يتعلق بتلك الأمور لدى ذوي الاختصاص، وهي من الأمور التي لا تحتاج إلى إعادة تنظير من وجهة نظرهم. فالفيصل الذي يحسم المسألة لديهم لا يعتمد على عمق علمهم ودرايتهم وحسب، بل على مدى قدرتهم على فرض تلك الدراية، نتيجة لتضارب المصالح بين أفراد الهرم الإداري في الدولة. وهذا ما يجعلنا نتيقن بأن دولة المؤسسات بقانونها ومجتمعها المدنيين لا يمكن أن تقيم نظاما مستداما اقتصاديا وسياسيا واجتماعيا ودينيا إلا إن كان هناك تجديد مستمر لما يحكم هذا النظام من قوانين تأخذ في الحسبان المصلحة العامة أولا وآخرا، مهملة المصالح الخاصة.

ونظرا لتضارب المصالح العودية، وما ينتج عن ذلك التضارب من عقبات، فإن التجديد يكاد يكون أمرا أشبه بالمستحيل إذا لم يأخذ في عين الاعتبار المصلحة الخاصة أولا، إلا إن كان هناك تهديد يواجهه كل من هو في هذا النظام. وبناء على ذلك، دعت الحاجة إلى تأسيس استراتيجية «صندوق جابر» ليكون التهديد تهديدا يحث على التجديد، بتطلع يستهدف إيرادات غير نفطية بما

نسبته ٧٥٪ من إجمالي الإيرادات، وتطلع لغدٍ تكون فيه الكويت مركزا تجاريا وماليا. وأما هدفنا في استراتيجية «الاقتصاد الثلاثي» فهو أن تكون بمثابة المتنفس الذي يخفف من شدة الصدمات الاقتصادية على «كويت الحاضر»، والناتجة من إصلاحات اقتصادية تسهم في تحقيق تطلعات الرؤية. يلي ذلك سعينا في وضع الخطة الاستراتيجية «رفاه» لتكون مرجعا حصينا لكافة القوانين التي تمس جيب المواطن، واضعة رفاهيته في مقدمة الأولويات قبل كل شيء. ولأن هذا كله يبتدئ من النشء وينتهي إليه، كانت استراتيجية «الاقتصاد المعرفي» مستهدفة تنشئة الأجيال، محملة بتوصيات تهدف إلى إعداد جيل قادر على إدارة الاقتصاد الكويتي المتجه نحو ازدهار «كويت المستقبل»

ومتى ما واجهنا هذا التهديد الذي يمس الجميع في تبعات استراتيجية «صندوق جابر»، ستتلاشى عقبات كثيرة، أهمها تضارب المصالح. حينها سيلتفت أولئك السياسيون، وكل من هم داخل الهرم الإداري إلى ذوي الاختصاص، بنظرة تقدير لمنطقهم الذي كان عاجزا عن فرض درايته.

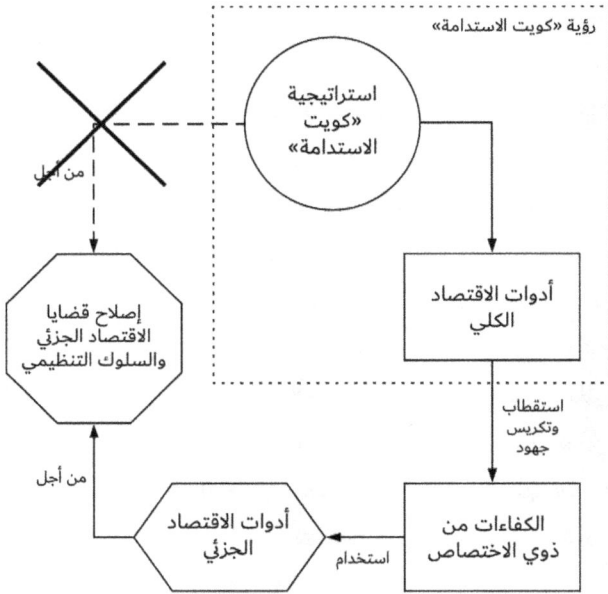

ولأني أؤمن بأهمية الاختصاص في كل شيء، وأحترم ذلك حق الاحترام، لازما بذلك حدود اختصاصي ومعرفتي، وتاركا المساحة لإخوتي من أهل الاختصاص من أبناء وطني، مادا لهم جسر التعاون للبذل والمبادرة. ومن ذلك المنطلق، فإني أعيد القول صراحة لا مضمونا؛ أن هذا العمل لا يكتمل إلا بكم ومن خلالكم ومعكم، فلست خبيرا دستوريا لأتمكن من تقديم توصيات فيما يتعلق بالأمور الإدارية وحقوق الإنسان، أو رسم هيكل قادر على تحسين السلوك التنظيمي، ولست كذلك خبيرا في سوق النفط

والطاقة والبتروكيماويات. ولكني وفقت، وبفضل من الله، في نيل معرفة تؤهلني للتوصل، وبإيمان تام، من أن العلة لا تعلق على شماعة الاقتصاد الجزئي والسلوك التنظيمي، بل هي معلقة بالاقتصاد الكلي وحسب. وما أن نقضي على علة الاقتصاد الكلي بواسطة استراتيجيات هذه الرؤية، بطريقة تلتهم جميع علل الاقتصاد الجزئي والسلوك التنظيمي التي نراها اليوم في حياتنا اليومية، ونصرح تجاهها بالاستنكار، حينها سيجد ذوو الاختصاص وجاهة رأيهم بتكليف يصب في الصالح العام أولا، ثم الخاص ثانيا.

وتمر السنون، ويولد جيل ويفنى جيل آخر، وتتوالى الأجيال، وتتردى مبادئنا تباعا معها فيما يتعلق بالسلوك التنظيمي والإداري، وما لهذا التردي إلا أن يزيد من صعوبة فرض الإصلاحات على جميع الأصعدة. ورغم ذلك كله، لم يفت الوقت بعد، فهلا بدأنا لندرك وجهتنا؟ أمام تحركات كل هذا العالم، لم نختار السكون؟

أبناء وطني، اللهم إني قد بلغت، اللهم فاشهد.

انتهى.

* * *

مصادر

١ ^ الكويت، حكومة (٢٠١٧). **رؤية الكويت ٢٠٣٥ – كويت جديدة**. دولة الكويت. http://www.newkuwait.gov.kw. اطلع عليه بتاريخ ١٠ نوفمبر ٢٠١٨.

٢ ^ المحاسبة، ديوان (يوليو ٢٠١٨). **تقرير: الموضوعات عالية المخاطر**. دولة الكويت. https://goo.gl/zL8pWL. اطلع عليه بتاريخ ١٠ نوفمبر ٢٠١٨.

٣ ^ المالية، وزارة (٢٠١٧-٢٠١٨). **الميزانية العامة**. دولة الكويت. https://goo.gl/pgczEv. اطلع عليه بتاريخ ١٠ نوفمبر ٢٠١٨.

٤ ^ السلوم، عبدالله (٢٠ يوليو ٢٠١٨). **كتاب مملكة الرؤية**، الفصل الأول، القسم الثاني. دولة الكويت. http://kotv.abdullah.com.kw. اطلع عليه بتاريخ ١٠ نوفمبر ٢٠١٨.

٥ ^ السلوم، عبدالله (٢٠ يوليو ٢٠١٨). **كتاب مملكة الرؤية**، الفصل الثالث، القسم الأول. دولة الكويت. http://kotv.abdullah.com.kw. اطلع عليه بتاريخ ١٠ نوفمبر ٢٠١٨.

٦ ^ السلوم، عبدالله (٢٠١٢). **السيرة الذاتية**. دولة الكويت. http://abdullah.com.kw/resume. اطلع عليه بتاريخ ١٠ نوفمبر ٢٠١٨.

٧ ^ إيلاف، صحيفة (٥ مايو ٢٠١٨). **سياسة الباراشوت الكويتية**. لندن، بريطانيا. https://goo.gl/zFbdAw. اطلع عليه بتاريخ ١٠ نوفمبر ٢٠١٨.

٨ ^ السياسة، صحيفة (٩ أغسطس ٢٠١٨). **فزعة نيابية لوقف التعيينات الباراشوتية**. دولة الكويت. https://goo.gl/7Mi7px. اطلع عليه بتاريخ ١٠ نوفمبر ٢٠١٨

٩ ^ السلوم، عبدالله (٢٦ سبتمبر ٢٠١٧). **خفض سن التقاعد، اكتواريا**. دولة الكويت. http://abdullah.com.kw/wATM.Art. اطلع عليه بتاريخ ١٠ نوفمبر ٢٠١٨.

١٠ ^ الأنباء، صحيفة (٥ مارس ٢٠١٨). **عبدالله : ما أسباب تأخير مشروع مستشفى جابر الحكومي؟**. دولة الكويت. https://goo.gl/AnZvNG. اطلع عليه بتاريخ ١٠ نوفمبر ٢٠١٨.

١١ ^ الراي، صحيفة (٦ مايو ٢٠١٢). **جامعة «الشدادية»... تأخرت ربع قرن فمن ذا الذي ينجزها؟**. دولة الكويت. https://goo.gl/Km1pfs. اطلع عليه بتاريخ ١٠ نوفمبر ٢٠١٨.

١٢ ^ الأنباء، صحيفة (٢٧ مارس ٢٠١٨). **«اتحاد القطاع الخاص» يرفض تأخير صرف رواتب دعم العمالة**. دولة الكويت. https://goo.gl/aQZEMv. اطلع عليه بتاريخ ١٠ نوفمبر ٢٠١٨.

١٣ ^ نت، الجزيرة (٢٥ يوليو ٢٠١٨). **الشهادات المزورة "كارثة حقيقية" بالكويت**. دولة قطر. https://goo.gl/QDxcfW. اطلع عليه بتاريخ ١٠ نوفمبر ٢٠١٨.

١٤ ^ الأنباء، صحيفة (٤ أبريل ٢٠١٤). **معاملات مزورة وتلاعب في كشوف الرواتب ورخص القيادة بإدارة عمل الفروانية**. دولة الكويت. https://goo.gl/DTeFUE. اطلع عليه بتاريخ ١٠ نوفمبر ٢٠١٨.

١٥ ^ الوئام، صحيفة (٢٦ أبريل ٢٠١٨). **الإدارية الكويتية: «فئران أمي حصة» بريئة!**. المملكة العربية السعودية. https://goo.gl/nw3yfS. اطلع عليه بتاريخ ١٠ نوفمبر ٢٠١٨.

١٦ ^ نت، العربية (١٩ سبتمبر ٢٠١٣). **اتهامات بالكويت حول تدني مستوى التعليم العام**. دبي، الأمارات العربية المتحدة. https://goo.gl/raaw6Q. اطلع عليه بتاريخ ١٠ نوفمبر ٢٠١٨.

١٧ ^ الجريدة، صحيفة (٢ فبراير ٢٠١٤). **الوضع الصحي في الكويت... خدمات متواضعة وأمراض متزايدة**. دولة الكويت. https://goo.gl/vNvD92. اطلع عليه بتاريخ ١٠ نوفمبر ٢٠١٨.

مصادر

١٨ ^ الجديد، صحيفة العربي (٢٦ أكتوبر ٢٠١٦). **حرية التعبير في الكويت... إرث ديمقراطي تهدده مقاضاة الناشطين.** لندن، بريطانيا. https://goo.gl/rxs86c. اطلع عليه بتاريخ ١٠ نوفمبر ٢٠١٨.

١٩ ^ الشاهد، صحيفة (١٤ مايو ٢٠١٧). **الدغيشم: تلاعب الشركات العقارية رفع الأسعار وأثر سلباً على القطاع.** دولة الكويت. https://goo.gl/Wj8Bsj. اطلع عليه بتاريخ ١٠ نوفمبر ٢٠١٨.

٢٠ ^ الأنباء، صحيفة (١٩ مارس ٢٠١٣). **المليفي: التلاعب في أسعار المناقصات فضيحة ووزير الأشغال يتحمل المسؤولية.** دولة الكويت. https://goo.gl/ZMynhD. اطلع عليه بتاريخ ١٠ نوفمبر ٢٠١٨.

٢١ ^ المتحدة، الأمم (٢٠١٥). **إصلاح العالم: جدول أعمال ٢٠٣٠ للتنمية المستدامة.** نيويورك، الولايات المتحدة الأمريكية. https://goo.gl/kq8BZP. اطلع عليه بتاريخ ١٠ نوفمبر ٢٠١٨.

٢٢ ^ الإدارة، مركز التميز (٢٠١٧). **تقرير الكويت للتنافسية.** جامعة الكويت، دولة الكويت. https://goo.gl/SiWQGk. اطلع عليه بتاريخ ١٠ نوفمبر ٢٠١٨.

٢٣ ^ السلوم، عبدالله (٢٠ يوليو ٢٠١٨). **كتاب مملكة الرؤية،** الفصل الخامس، القسم الأول. دولة الكويت. http://kotv.abdullah.com.kw. اطلع عليه بتاريخ ١٠ نوفمبر ٢٠١٨.

٢٤ ^ السلوم، عبدالله (٢٠ يوليو ٢٠١٨). **كتاب مملكة الرؤية،** الفصل الخامس، القسم الثاني. دولة الكويت. http://kotv.abdullah.com.kw. اطلع عليه بتاريخ ١٠ نوفمبر ٢٠١٨.

٢٥ ^ السلوم، عبدالله (٢٠ يوليو ٢٠١٨). **كتاب مملكة الرؤية،** الفصل الخامس، القسم الثالث. دولة الكويت. http://kotv.abdullah.com.kw. اطلع عليه بتاريخ ١٠ نوفمبر ٢٠١٨.

٢٦ ^ السلوم، عبدالله (٢٠ يوليو ٢٠١٨). **كتاب مملكة الرؤية**، الفصل الخامس، القسم الرابع. دولة الكويت. http://kotv.abdullah.com.kw. اطلع عليه بتاريخ ١٠ نوفمبر ٢٠١٨.

٢٧ ^ السلوم، عبدالله (٢٠ يوليو ٢٠١٨). **كتاب مملكة الرؤية**، الفصل الثالث، القسم الأول. دولة الكويت. http://kotv.abdullah.com.kw. اطلع عليه بتاريخ ١٠ نوفمبر ٢٠١٨.

٢٨ ^ السلوم، عبدالله (٢٠ يوليو ٢٠١٨). **كتاب مملكة الرؤية**، الفصل الثالث، القسم الثاني. دولة الكويت. http://kotv.abdullah.com.kw. اطلع عليه بتاريخ ١٠ نوفمبر ٢٠١٨.

* * *

فهرس

* * *

شاركنا رأيك على:

#كويت_الاستدامة

عبد الله السلوم

🐦 alsalloumabdul

@ contact@abdullah.com.kw

GO abdullah.com.kw

دولة الكويت